湘潭大学重点教材出版资助项目

名誉主编：　　　　主 编：
王汝南　　　　**何云波**

编委会（以姓氏笔画为序）

王汝南：中国围棋协会原主席，职业八段棋手

王海钧：武汉海钧围棋学校校长，职业七段棋手

刘知青：北京邮电大学教授、博士生导师

李星：西安体育学院副教授，职业六段棋手

何云波：湘潭大学文学与新闻学院教授、博士生导师

武坤：中南大学教授、博士生导师

杨烁：中国棋院

徐莹：深圳大学副教授、职业五段棋手

蒋锡久：华中科技大学教授

围棋文化教程

A Textbook of Weiqi Culture

何云波 主编

北京大学出版社
PEKING UNIVERSITY PRESS

图书在版编目(CIP)数据

围棋文化教程 / 何云波主编. —北京：北京大学出版社，2015.11
ISBN 978-7-301-26425-6

I.①围… II.①何… III.①围棋 – 体育文化 – 中国 – 教材 IV.①G891.3

中国版本图书馆CIP数据核字(2015)第254215号

书　　　名	围棋文化教程 Weiqi Wenhua Jiaocheng
著作责任者	何云波　主编
责 任 编 辑	朱丽娜
标 准 书 号	ISBN 978-7-301-26425-6
出 版 发 行	北京大学出版社
地　　　址	北京市海淀区成府路205号 100871
网　　　址	http://www.pup.cn　新浪微博:@北京大学出版社
电 子 信 箱	zpup@pup.cn
印 刷 者	三河市博文印刷有限公司
电　　　话	邮购部 010-62752015　发行部 010-62750672　编辑部 010-62759634
经 销 者	新华书店 730毫米×980毫米　16开本　15印张　200千字 2015年11月第1版　2022年4月第4次印刷
定　　　价	48.00元

未经许可，不得以任何方式复制或抄袭本书之部分或全部内容。
版权所有，侵权必究
举报电话: 010-62752024　电子信箱: fd@pup.pku.edu.cn
图书如有印装质量问题，请与出版部联系，电话: 010-62756370

◀2001年贵阳国际围棋文化节"围棋之道名人论坛",右起金庸、陈祖德、吴启泰、何云波

何云波在华东交通大学孔目湖讲坛作围棋文化演讲▶

◀何云波在大坂商业大学作中日围棋文化交流主题报告

◀何云波在北大方正商学院讲授棋道与商道

何云波与中国围棋协会主席王汝南对弈▶

▼何云波主持城市围棋联赛围棋大众化产业化论坛

序

　　围棋产生于中国,在漫长的发展演变过程中,积淀了丰富的文化内涵。中国古人把琴棋书画当作四艺,棋,不光是胜负的问题,也成了人精神修养的一种方式。

　　然而,在20世纪,人们更多地把棋看作是竞技。我作为一名职业棋手,亲身经历和见证了中国围棋从衰落到复兴,一步步走向强大的过程。中国围棋经过几代人的努力,发展到今天,在竞技领域取得的成就可以说有目共睹。然而,对围棋文化的发掘、整理、研究,则相对滞后,这多少让我们有些着急。

　　围棋进入21世纪,我们欣喜地看到,有越来越多的学者、棋艺爱好者加入到围棋文化研究中来,并取得一系列成果。另一方面,围棋也逐步进入中小学和大学的课堂。早在2001年,教育部和国家体育总局就联合下发了三棋进课堂的文件,在一些地区,棋类教育已经成为学校的校本课程。就大学而言,不少高校都开了围棋文化选修课,作为大学生素质教育的一个重要组成部分。围棋进入教育体制,可以说使围棋有了深厚的根基,获得了长久的发展动力。

　　但在这一片大好形势下,我们也不能不看到其中存在的一些隐忧,比如,教材就是一个问题。首先,主要面向小学生的各围棋培训机构的教材,重点是以围棋技艺的提高为目的,有的附加一点"文化",如辅以一些围棋诗词、故事等,"技艺"与"文化"的结合还不够顺畅。各大学的围棋文化课程呢,则干脆各自为阵,由任课老师自行决定教学内容、自由发挥,学生常常发愁找不到合适的"读物",教学效果也就千差万别了。

　　在这样一种状况下,我们欣喜地看到了何云波教授主编的《围棋文化教程》

的出版。何教授因为其博士论文《围棋与中国文艺精神》而被外界称为中国首位"围棋博士"。他在围棋文化领域著书立说,写了不少有影响的著作,如今,他又开始把精力投到围棋文化的普及中来。而《围棋文化教程》的各位作者,如徐莹、王海钧、刘知青、蒋锡久,他们或者是职业棋手,或者在各自的专业领域卓有建树,同时又都拥有丰富的大学围棋文化教学经验。由这样一个团队,来完成一部主要供大学围棋文化素质教育使用的教材,可以说适得其时。

《围棋文化教程》的一大特点,首先是体系的新颖。如果把围棋看作一个知识系统,如何分类,便成为一个问题。现在我们教围棋,经常是分成吃子、死活、布局、定式、官子之类,但为什么要这么分,可能还没有人去深究它是否就最科学。《围棋文化教程》把棋子当作一个生命体,从如何活着、如何活得更好、如何活出品位三个层面,提炼出围棋的三个核心概念:气、地、形。这样既找到了围棋知识分类的逻辑依据,又便于教学过程中循序渐进,可谓一大创新。

《围棋文化教程》的另一特点,是围棋技术与文化的高度融合。棋艺、棋理、棋道,是一个有机的系统。正如清代朱弘祚在为《官子谱》作的序中所说:"艺必归于理而始当,必贯于道而始精。天下未有舍理而可言艺者也,则亦未有舍道而可言理者也。"《围棋文化教程》前几章偏重围棋技艺的传授,对于那些不懂棋的人来说,首先教会他们下棋是最重要的。但在棋艺的传授过程中,已经融入了文化的因素。比如"气"既是棋子生存之本,也与中国人的生命观、宇宙观息息相关;围棋中的"形",也通于中国美学精神与法则。后几章偏重于文化,但在让学生了解中国围棋历史、中外围棋文化交流的同时,也欣赏到古今中外的著名棋局。棋谱欣赏与棋理、棋道的领悟,其实既有利于提高棋艺,也是一个文化熏陶的过程。可以说,棋艺本身就是文化,而围棋文化也是建立在技艺的基础之上的。

围棋是游戏,是竞技,是艺术,是文化,包涵着无限丰富的内涵。不光是大学生,我想,每一个围棋教师,包括普通棋迷、社会大众,都需要从多个角度去认识围棋、了解围棋、传播围棋。《围棋文化教程》在某种意义上,便充当了这样一个探路人的角色,引导你走进围棋文化的殿堂,在那里各取所需。何云波教授曾经说，他理想中的围棋文化教材，就是让棋界中人不觉其浅，棋外之人不觉其深，雅俗共赏，各有所得。我希望，本书在一定程度上做到了这一点。它不仅可做大学围棋文化教材，也可以成为社会大众包括国外读者了解中国围棋文化的一个理想读本。

有一年，俄罗斯彼得堡围棋协会给中国棋院围棋部的同志打电话，问我们有没有围棋文化方面的理想读物，由他们翻译成俄文，在俄罗斯推广中国围棋。我们的同志想了半天，技术与文化兼顾、又适合外国人阅读的读物，真还难找。现在国家大力提倡弘扬传统文化，同时既要吸取他者文化之所长，又要让中国文化走出去。而从高层到大众，很多人都非常重视围棋，把围棋当作中国文化的一个重要载体，我想我们围棋工作者，更负有一份责任与使命。比如是否有可能，不光在中国的大学里开办围棋专业，同时也把围棋引入到孔子学院的教学体系中，让越来越多不同肤色的人了解中国围棋文化。对此，我们每一个围棋人，都可以站在各自的角度，为中国围棋文化的传播尽自己的一份努力！

是为序！

王汝南

中国围棋协会原主席，中国棋院原院长

目　录

- 绪　论 ··· 1

- 第一章　天圆地方：何谓围棋 ··· 1
  - 第一节　竞技、游戏与艺术 ··· 2
  - 第二节　认识围棋 ··· 6
  - 第三节　围棋、中国象棋与国际象棋之文化比较 ···················· 15

- 第二章　气：棋子生存之本 ··· 22
  - 第一节　围棋之"气"与中国文化 ······································· 23
  - 第二节　吃子的基本方法 ·· 25
  - 第三节　活棋与死棋 ··· 34
  - 第四节　对杀 ··· 50

- 第三章　地：围地的艺术 ·· 62
  - 第一节　地盘与目 ··· 63
  - 第二节　围地的常识 ··· 64
  - 第三节　围地的战略——常见布局 ···································· 68
  - 第四节　围地的价值——官子初步 ···································· 71

- 第四章　形：围棋的美学 ·· 80
  - 第一节　好形与坏形 ··· 81

第二节　基本定式 ································· 85
　　第三节　定式中的形 ······························· 88
　　第四节　中盘的筋和形 ····························· 91
　　第五节　死活中的筋和形 ··························· 96

◆ **第五章　千年棋脉：中国围棋的源与流** 101
　　第一节　古代围棋 ································ 102
　　第二节　现代转型 ································ 122
　　第三节　当代兴盛 ································ 125

◆ **第六章　围棋的国际传播** 141
　　第一节　围棋的西游与东传 ························ 142
　　第二节　日本围棋与棋道 ·························· 146
　　第三节　20世纪以来围棋的世界发展 ················· 163

◆ **第七章　围棋与现代信息技术** 171
　　第一节　信息时代的围棋 ·························· 172
　　第二节　围棋与人工智能 ·························· 183

◆ **第八章　围棋与东方智慧** 198
　　第一节　棋理 ···································· 199
　　第二节　棋风 ···································· 211
　　第三节　棋道 ···································· 217

◆ **后　记** 228

绪 论

"黑白谁能用入玄,千回生死体方圆"(唐·张乔《咏棋子赠弈僧》)。黑白子的组合,如同象形文字、奇妙的画、隽永的诗,总是能激发人无数的玄思妙想。围棋其实是世界上最简单的一种游戏,黑白子,纵横三五道格子,你就可以玩相互攻杀的游戏了。哪怕后来棋盘道数越来越多,它的规则仍然简单。哪怕你从来没见过、没听说过围棋,也不影响你下完一盘棋。然而,围棋又是世界上最复杂的一种游戏,变化没有穷尽。简单中的复杂,这就是围棋,这也是中国文化,如同"道","道"乃世界之本源,"道"不可说,"道"就在山间流水、日常生活中。

我们却常常只把围棋简单化为竞技,有关围棋竞技的书籍也很多。不少教科书,或者只教人怎么下棋,或者当想要加入一些文化因素时,无非就是在每一节后面,附点围棋诗词、故事之类,技术与文化常常是脱节的。反过来,一些围棋文化类的书籍,追踪围棋历史、文化,却常常缺乏技术史的梳理。可以设想一下,一部围棋文化史,如果没有了棋谱,就像一部文学史,没有了文本,这"文化"本身也是空洞的。为此,《围棋文化教程》的编撰初衷,就是想要将文化与技术高度糅合起来,既满足各大学围棋文化选修课的急需,又为社会大众提供一部理想的围棋文化读本。

当然,实现竞技与文化的高度融合,首先要解决的一个问题,就是全书的体例、架构。本书共分八章,第一章"天圆地方:何谓围棋"是总论,让读者初步认识围棋。这里涉及棋盘棋子的演变,围棋的基本规则、礼仪,围棋的属性。围棋是竞技,是游戏,也是艺术,大而言之,就是一种文化。而同为盘上棋戏,围棋与中国象棋、国际象棋相比,又有自己的独特性。以其他棋戏为参照,在比较的视野中,也许能对围棋有一些更深入的认识。

对围棋有了一些基本了解之后,下一步就是如何让不懂围棋的人在较短时间里学会下棋,或者帮初识围棋者进一步提高棋艺。在大学里选修围棋文化课的学生,很多都是没有接触过围棋的。围棋课的课时往往又有限,并且大学的教学管理者往往要求围棋文化选修课既要讲技术,又要讲文化,这就需要重新认识围棋之"技"。中国古代一般只把棋局分成起手、残局两个阶段。"起手"式包括布局、定式等,残局则包括了中盘战斗、官子收束等。现代我们经常把围棋之"技"分成布局、定式、死活、手筋、官子等。但为何作这种分类,起于何时,依据何在,我们往往知其然不知其所以然。其实,如果把围棋也看作一个生命体,我们就需要重新认识这一生命系统。为此,我们提炼出围棋的三个核心概念:气、地、形。构成第二、三、四章的主题:"气:棋子生存之本""地:围地的艺术""形:围棋的美学"。

"气",首先要解决的是棋子的生存问题。从来没有接触过围棋的人,第一次下棋,往往是双方相互缠绕,吃子、逃子,你死我活。这说明,生存,是人的本能,战斗,是围棋的本质。围棋的一个最基本的规则就是棋以气生,气尽棋亡。吃子、逃子、对杀、死活……这一切,都是围绕"气"来展开。了解了与"气"相关的这些战术,你也就掌握了如何让你的棋子在棋盘上"活着"的基本技能。

"地",则是要解决如何让棋子活得更好的问题。两眼活棋,活着固然已无忧,但也就是最低条件的温饱而已。要想活得更滋润,就要尽可能扩大自己生存的地盘。如何最大限度地围地,这就涉及棋子的配合、效率,如何布下阵势,抢占要点,如何收束,等等。

"形",则是有关生存的美学的问题。棋子与棋子之间的配合,就构成了"形"。而"形",有好形、愚形、正形、手筋、妙手等等。序盘定式、中盘战斗、死活、官子诸环节,都与棋之"形"息息相关。围棋之形,既讲究实用,本质上又是符合美学规律的。

在对围棋之"技"作了一番梳理后,第五章"千年棋脉:中国围棋的源与流"换一个角度,纵向追踪中国围棋的起源、发展的历史。既发掘中国围棋的历史文化底蕴,也欣赏古往今来的精彩棋局及其技术演进的历程。

第六章"围棋的国际传播"则将焦点集中于中国围棋对外传播的过程。中国围棋一路沿陆上丝绸之路西行,传播到欧洲,一路东行,到朝鲜半岛、日本。日本接受了中国围棋,在某些方面又将围棋发扬光大,在现代,又反哺了中国围棋。围棋也就是在这种不断的交流中,获得广泛的世界性传播。

围棋既是古老的文化,在20世纪后半期,又跟科技联姻,焕发出新的生命活力。第七章"围棋与现代信息技术"介绍信息时代给围棋带来的影响,计算机围棋的研究方法,其产生、发展的过程。围棋给人工智能研究带来一系列挑战,反过来也促进了人工智能研究的发展。

第八章"围棋与东方智慧"是全书的总结,论棋理、棋风、棋道。围棋是"技""艺",通于"理",进乎"道"。"理"是棋之法则、规律,"道"则构成了围棋存在的终极依据。当然,这道,既是棋道,又是人生之道、宇宙之道。棋如人生,人生如棋,棋里棋外,围棋也就拥有了无限丰富的内涵。

阿根廷作家博尔赫斯写过一首题为《围棋》的诗:

> 今天,一九七八年九月九日,
> 我的掌心攥着一颗小小的圆子,
> 这样的圆子共有三百六十一颗,
> 是一种东方的弈术所必需,
> 那如同摆布星宿的游戏叫围棋。
> 那是一种比最古老的文字还要古老的发明,
> 棋盘就好像宇宙的图形,
> 黑白交错的变幻,
> 足以耗尽千秋生命。
> 人们可以对之痴迷,
> 就好像坠入爱河与欢情。
> 今天,一九七八年九月九日,
> 我本来就对好多事物无知无识,

这会儿再次感到困惑,
我要感谢诸路神祇,
他们让我得见这处迷宫,
尽管我永远都不能探知其中的奥秘。

林之木译

中国的长城、书籍、易经、八卦、铜镜、花园……都曾让博尔赫斯浮想连翩。而在博尔赫斯的中国想象中,围棋也是其中一个重要组成部分。围棋被看作一种比文字更古老的游戏,它像一个诱人的"迷宫",吸引我们漫游其间,寻寻觅觅,具有无穷的奥妙与魅力。

既然如此,那就让我们上路,开始这奇妙的围棋文化之旅吧!

第一章

天圆地方:何谓围棋

当古老的围棋穿越时间的长河,从远古走来,当晶莹的黑白子穿过大海,穿过茫茫戈壁,从中国走到日本,走到韩国,走向西域……历史沧桑,岁月轮回,小小黑白子,也就具有了深厚的文化内涵。

当原始时代的先人们,在地上画三五道方格,摆上几颗石子,作圈地、攻杀的游戏,也许,这便是古老之"弈"的雏形。后人却赋予了这一简单的游戏以许多别样的意义。"尧造围棋",强调的是围棋的教化功能;汉代的班固说围棋"上有天地之象,次有帝王之治……"形下之技与形上之道便有了关联;魏晋之时,人们把围棋称为手谈、坐隐、忘忧、烂柯,棋成了人精神存在的一种方式。而到唐代,琴、棋、书、画并称,围棋正式登堂入室,成为"四艺"之一。

于是,作为竞技、游戏的围棋,又成了一种艺术。人们说,围棋就是一张黑白山水画、一幅纵横捭阖的书法、一首意境深邃的诗、一种别样的人生,围棋包含着自然与生命之美,乃是宇宙万象的缩影。

第一节 竞技、游戏与艺术

图1-1 对弈图-清·康熙青花人物故事图

围棋被不同时代的人赋予不同的内涵。北宋政治家、文学家王安石以"莫将戏事扰真情,且可随缘道我赢"的态度看待围棋;清代官员、棋谱研究家陶式玉认为围棋"夫弈,小道也,而天地之理无不寓焉";新中国围棋国手陈祖德则总结围棋"是最古老的又是最年轻的,是最中国的又是最世界的,是最复杂的又是最简单的,是最文静的又是最激烈的,是最狭窄的又是最广阔的,是最精确的也是最模糊的"。围棋具有了越来越丰富复杂的意义。围棋是游戏,是竞技,是艺术,是宇宙之象、人生之道。一阴一阳之谓道,围棋成了中国文化之象征。

一、围棋是一项竞技

就围棋而言,它首先是一种竞技、一项体育运动。竞技,从个人角度说,是人证明自我的一种方式,也是人的攻击性冲动的一种变相满足。尼采的"权力意志"论认为,在人的生命意志中,占主导地位的是想凌驾于他人之上的欲望。在个人与他人的关系中,每个人都可以认为:"我是最出色的。"那么,证明这一点的最好办法就是生存的竞争,或体育中的竞技。而弗洛伊德心理学强调,攻击即人性。人有两种本能:生的本能和死的本能。生的本能体现为生命的欲望与创造,死的本能则表现为一种趋死情结,人的攻击性、破坏欲、虐待欲。人类历史上连绵不绝的战争,人们一方面为自己所在的群体(部落、国家、民族)的生存,为主义、信仰而战;另一方面,在崇高的旗帜下又隐含着人性的攻击性、破坏性冲动。

战争是人性中"兽性"赤裸裸的发泄方式,由于战争过于残酷,人类发明了代替战争的游戏,把战争转移到竞技场上去。比如足球,一种说法是源于中国的蹴鞠。关于蹴鞠的起源,有一个血淋淋的传说。据1973年出土于长沙马王堆三号西汉墓的帛书《十大经·正乱》记载,上古时期,中原的黄帝部落与南方的蚩尤部落大战于涿鹿,最终黄帝活捉蚩尤。为示惩戒,黄帝命将蚩尤的皮剥下来,做成箭靶;头发剪下来,做成旌旗;骨肉剁烂,做成肉酱;胃掏出来,塞满毛发,让士兵们踢,于是有了蹴鞠,体现对敌人的惩罚。到战国时,蹴鞠已相当流行,它既是一种娱乐游艺活动,又常常成为军队训练士卒、提高战士军事素质的一种手段。后来足球脱离了使用的功能,纯粹成为了一种游戏。

由此可见,体育竞技,便是战争的游戏化,它为人类的攻击性欲望提供了一个合理的发泄渠道,足球、拳击、棋类,莫不如此。当然,同为战争游戏,其满足人的攻击性欲望的方式是不一样的。拳击是通过对他人身体的击打来显示自己的强壮;足球是在激烈的冲撞、精妙的射门中体现力之美、冲突之美。棋类运动中,"军长吃师长、师长吃旅长"的军棋是典型的"以大吃小","楚河汉界、两军对垒"的象棋有着明确的等级之分,也明确地以吃子为目的。而围棋,在优雅的外表下,暗含的是一种争夺生存空间的斗争。

20世纪以来,围棋的竞技属性得到了极大程度的发扬。中国将棋类项目划归到国家体育总局,成立了"国家围棋队",进行各项围棋赛事。在围棋氛围最为浓厚的东亚三国中国、日本、韩国,围棋形成了职业体系,举办了系列比赛,并被列入2010年亚运会正式项目,成为了社会瞩目的一项体育竞技运动。

二、围棋是一种游戏

围棋从本质上说是一种游戏,是人类生存争斗的游戏化。人一生的活动大致可分为两大部分:劳作与游戏。劳作是为了

图1-2 清·粉彩瓷瓶画
《仕女弈棋图》

图1-3 四条屏《戏婴图 琴棋书画》

谋生,游戏是精神愉悦的需要。一个人只有在基本的生存需要得到满足之后,才会产生游戏的需要。一个社会对待游戏的不同态度,也就往往代表了这个社会的发展程度。18世纪德国诗人席勒在《美育书简》中认为,人生最高、最完美的境界就是游戏。在他看来:"只有当人充分是人的时候,他才游戏;只有当人游戏的时候,他才是完整的人。"游戏的本质有三:其一,无直接的功利目的;其二,全身心投入;其三,自得其乐且其乐无穷。当一个人游戏的时候,他便进入了一个完全的自由境界。

围棋,便是这样一种能带给人精神自由、快乐的游戏。在儒家思想占据统治地位的传统中国社会,围棋被认为是"玩物"而遭到贬抑。但在魏晋南北朝等价值观多元的时代,却有不少士人反其道而行之。在一片放浪形骸的社会风气下,他们厌倦了儒家的纲常名教,内心深处的游乐意识觉醒,重新确立了"游戏"的价值,把一切足以引起人的精神愉悦的活动都称为"戏",在这"戏"中尽情地作仙界之游。带给人无限快乐的围棋,也就超越了功利,回归到它的本来面目:游戏。

游戏是非功利的、自由的、快乐的。在围棋吃子、围空、赢棋、追求完美的形状、施展深远的算路、设下精巧的陷阱的过程中,下棋者自可体验到一种自由挥洒、创造的乐趣。

三、围棋是一门艺术

最迟在晚唐时期,中国古人把琴棋书画并称为"四艺"。而艺术,从本质上说都是人的一种精神的游戏。人在满足了基本的物质需求之后,便会生出种种精神的需要,于是有了艺术。艺术是非功利的,以自由、快乐、和谐与美为旨归。

围棋作为一种竞技,一种战争游戏,它首先追求的是胜负。但它作为一门

第一章 天圆地方：何谓围棋

艺术，又常常符合美的规律。从形式上说，棋盘棋子，一方一圆，"围奁象天，方局法地"，天地方圆之间，便有一种对立中的和谐之美。而棋子，一黑一白，在棋的进行过程中，相互拥抱，本身便犹如一幅极美的图画。中国的书法、绘画，都是白纸黑墨，黑白两色，乃是对大千世界丰富色彩的浓缩、抽象。中国绘画从写实的角度说，可能不如讲究色彩的配置的西方油画那样逼真，从欣赏效果说，也不如浓墨重彩的油画那样富于视觉的冲击力。但它在简单、抽象中自有让人品之不尽的韵味。围棋亦然，它同样体现了中国艺术的审美精神。

在棋局的进行过程中，黑白棋子都在按照棋固有的规律，在自然的流程中行进。每走一步，棋手都面临一个怎样才能走出好形，同时破坏对方棋型的问题。美的型被称为好型，不美的型则被称作愚型、恶型。"美丑"与"好坏"本是两对截然对立的范畴，但围棋把两者完美地结合起来了。正像艺术是一种"有意味的形式"，是内容与形式的完美统一，围棋的"美的型"也与合理、有用联系在一起。看起来潇洒漂亮的"型"，如果有漏洞或不能发挥大的功能，那就只是徒有其表。所以，有时愚型中也有"手筋"，俗手中也有妙手。围棋与其他艺术门类的最大区别在于它是争胜负的，围棋的美，永远与实用联系在一起。

从中国古代留下的棋谱中可以发现，中国古棋大多好战，但在价值判断上，又始终把"不战而屈人之兵"列为上上之策。以"入神""坐照"为高品，而将"斗力"列为下品。特别是对文人来说，"莫将世事扰真情，且可随缘道我赢。战罢两奁分黑白，一枰何处有亏成"（王安石《棋》）。在"胜固欣然，败亦可喜"（苏轼《观棋》）中，体验到一种内外俱"寂"的境界。中国的雅人们以棋为"坐隐"，一卷诗、一杯酒、一盏茶、一局棋，正是在对围棋之"静"的欣赏、把玩中，获得了精神的皈依。

动与静构成了围棋的一对矛盾，对局是棋子不断运动变化的一个过程，"争"无处不在，但最终达到的是"冲突中的和谐"。而从下棋

图1-4 明·徐渭《浓荫对弈图》

者的角度说,下棋乃是让"各种本能和情感冲动"获得释放的一个过程,但驾驭棋局之人却需要"心静",以静制动,动被寓于静之中,欲望被控制于理性的自觉之中。"静"与"和",也就成了围棋的一种境界。围棋正是在"静"与"动","争"与"和"的对立、依存、转换中,体现出一种东方的艺术之美。

第二节　认识围棋

一、棋盘与棋子

围棋的发展,有一个从简单到复杂的过程。现行围棋棋盘绝大多数为木质,正方形,上有纵横十九道等距离、垂直交叉的直线及由其构成的三百六十一个交叉点。这一棋盘形制最晚定型于中国南北朝时期,在成书于北周的敦煌写本《碁经》中,有"棋有三百一十六道,放周天之数"之说,"三百一十六"应为"三百六十一"之误,"放"应为"仿"。不晚于北周的中国古典数学著作《孙子算经》中亦有一道算题可作为佐证:"今有棋局方一十九道,问用棋几何?答曰:'三百六十一。'术曰:'置一十九道,自相乘之,即得。'"

中国最古老的围棋盘大致可以从原始氏族社会的一些彩陶艺术图案中找到蛛丝马迹。在原始社会末期的陶器上,一些图案被考古专家称为棋盘纹图案,线条匀称,格子整齐,颇似现代的围棋盘,道数多为纵横十至十三道。现存有实物发现的道数最少的棋盘是十三道盘,1977年,蒙古敖汉旗丰收公社白塔子大队发现一座辽代古墓,墓内供桌下,有一高10厘米,边长40厘米的围棋方桌,桌上画有纵横十三道的围棋局。而已知最早的围棋盘实物出自西汉。陕西咸阳西汉中晚期甲M6墓葬出土

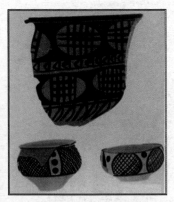

图1-5　原始社会陶罐"棋盘纹"

石棋盘一件,长66.4厘米,厚32厘米,四角的铁足高48厘米。棋盘面磨制光滑,周饰一圈二方连续菱形方格纹,其中以黑线画出棋格15×15共225格。

1998年,在陕西汉阳陵南阙门遗址的考古发掘中,又发现了一个西汉陶质围棋盘。此围棋盘外观略有残损,呈不规则五角形,其残长28.5厘米至5.7厘米,宽19.7厘米至17厘米,厚3.6厘米。棋盘两面均为阴刻直线,有纵横线各17条。从棋盘的质地看,它是用一块当时的铺地方砖加工而成,盘面纵横线刻划粗糙,表明棋盘虽然出土于皇家陵园,但显然不属于皇家之物,很可能是汉阳陵的守陵人信手刻制而成,以供闲暇时娱乐所用。

1954年,在河北望都发掘的东汉古墓中发现一石棋局,高14厘米,边长69厘米,上刻有纵横十七道线。

目前发现的十九路盘的最早实物,是河南安阳隋代张盛墓出土的一具瓷棋盘。从其他文献资料中也可以证明,十九路棋盘在隋唐时期已经成为围棋盘的标准制式。然而在出土文物中,十五路棋盘从汉代一直延续到唐代(甚至辽代还有十三路棋盘)。这一方面说明当时由于交通的不便,文化交流受到很大限制,在一些边缘地区仍然流行"古制",或者人们出于简便易学的需要,有意识地保留了古代围棋的制式;另一方面,则说明任何制式棋盘的产生、流传、演变,都有一个漫长的过程,导致同一时代,可能有多种路数的围棋盘和平共处。

绝大多数围棋棋盘(棋墩)的材质均为木质,晋人曹摅在《围棋赋》中称:"局则邓林之木,鲁班所造。规方砥平,素质玄道。"在中国古代,还有石制、瓷制,甚至以金、玉、象牙、织锦为原材料的名贵棋盘,以供达官显贵之用。而在民间,则以纸制棋盘为主,唐代大诗人杜甫有诗云:"老妻画纸为棋局",便是最好的佐

图1-6 西汉陶制围棋盘

图1-7 东汉石围棋盘

图1-8 隋白瓷围棋盘

图1-9 唐代木制围棋盘

图1-10 清代石雕围棋盘

图1-11 明中期云子

证。这一传统延续到了当代,并演变为简便易于携带的塑料棋盘。

围棋棋子分为黑白两色,均为圆形。在现行围棋规则下,棋子的数量应能保证棋局顺利终局,正式比赛以黑、白各180子为宜。当代中国使用的围棋子多为单面凸起,日韩使用的围棋子为双面凸起(此为继承中国古制)。目前广为使用的棋子为矿料烧制而成(如云子),较为名贵的种类则由石子、贝壳打磨而成,此外还有玛瑙、玉石等高级制品。在中国古代,由于生产技术的落后,也有一段使用木制棋子,且为方形的时期。

中国古代常常把围棋与"天圆地方"的观念联系在一起,围棋棋盘棋子也就常常被赋予了各种象征意义。所谓"棋法阴阳,道为经纬。清者在天,浊者在地"。《棋经十三篇》说:"夫万物之数,从一而起。局之路,三百六十有一。一者,天数之主,据其极而运四方也。三百六十以象周天之数。分而为四隅,以象四时,隅各九十路,以象其日。外周七十二路,以象其候。枯棋三百六十,黑白相半,以法阴阳。"这其中虽不无附会之处,却正体现了围棋作为胜负之道之外的文化意味。

二、围棋规则及礼仪

围棋棋盘上标有九个圆点,称为"星",中央的星位又称为"天元"。

对局时,双方各执一色棋子,空枰开局。黑先白后,交替在棋盘的交叉点上落子。落子后,不得再向其他点移动。落子后不得使对方重复面临曾出现过的局面,称为"禁止全局同形"。允许一方放弃落子权,但双方连续放弃则视为对局结束。

一枚棋子在棋盘上,与它直线紧邻的空点是这枚棋子的"气"。直线紧邻的点上如果有同色棋子存在,这些棋子就相互连接成一个不可分割的整体。直线紧邻的点上如果有异色棋子存在,此处的气便不存在。棋子如失去所有的气,就不能在棋盘上存在。

把无气之子从棋盘上拿走称作"提子"。当一方落子后,如果对方棋子无气,应立即提取对方无气之子;如果双方棋子都呈无气状态,应立即提取对方无气之子。

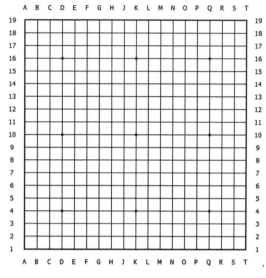

图 1-12 棋盘示意图

当棋局进行至双方一致确认落子完毕,或对局中有一方中途认输时,为终局。在中国规则下,落子完毕的棋局采用数子法计算胜负,即将双方死子清理出盘外后,对任意一方的活棋和活棋围住的点以子为单位进行计数。双方活棋之间的空点各得一半。在黑方不贴还子的情况下,一方占据交叉点超过棋盘总点数的一半(180.5)为胜,等于为和,小于为负。现行中国围棋规则要求黑棋贴还3又3/4子,数子后,如黑方为185子,则黑胜3/4子;184子则黑负1/4子。

此外,现有的围棋规则还有日本规则、韩国规则、应氏规则,以及欧美等地采用的围棋规则等。与"数子"的中国规则不同,日韩规则以"数目"为判定胜负的方法。日韩规则均执行黑贴六目半的规则。应氏规则则采用计点制,黑贴八点。在个别具体棋形的判定上,各国、各地区围棋规则亦存在着一定的差异。

如果两位对局者实力差距过大,可以选择让子或倒贴目的方式进行对局。如果两位对局者实力接近,在确定先后手时宜"猜先"。猜先的顺序是:年长者(或段位高者)握若干白子暂不示人,年少者(或段位低者)出示一或两颗黑子,表示猜奇数或偶数。年长者在棋盘上公示手握白子数目,若年少者猜对,则年少者执黑(或取得选择黑白权),反之则年长者执黑(或取得选择黑白权)。

在比赛中,为保证对局时长,会采用计时制度。包括读秒(在规定秒数内必须落子)、包干制(超时判负)等。

作为一项积淀了千年文化传统的项目,"人生如棋,落子无悔"等格言早已深入人心,相关的围棋礼仪也应得到重视。对局开始前应向对方行礼致意,落子规范手势为以食指与中指夹起棋子,中指在上,食指在下,落在棋盘上。不宜在落子前翻弄、敲打棋子。对局中应充分尊重对方,坐姿端正,不应做出妨碍对方思考的行为。对局结束后应收好棋子,整理棋具。参加相关比赛应保持衣着整洁。

除了外在的诸多礼仪,棋的内容也需要严肃认真地对待。日本围棋"六大超一流"之一大竹英雄九段曾说:"堂堂正正地击败对手,是胜负中的礼仪。无论实力如不如人,都要尽全力去计算。这正是表现出了对对手的敬意。"

围棋是人生的模拟。围棋的游戏规则,与人类的生存,常常是相通的。第一,两眼活棋,棋以气生,气尽棋亡,体现的是生命法则。第二,空多为胜,为争夺生存空间,一切战术皆围绕吃子与围空来展开,体现的是人类的生存法则。第三,一人走一手,轮流下子,先行者贴目,体现的是公平原则。

三、围棋基本术语

在围棋的实际研究、解说中,对于绝大多数着手都有固定术语形容。了解并会使用这些术语,是下围棋重要的入门环节。以下为最基本的术语介绍:

1. 打

"打"也称"打吃""叫吃"。当一方落子后,另一方棋子只剩一口气时,就称为"打"。图1-13中的白▲均为"打"。

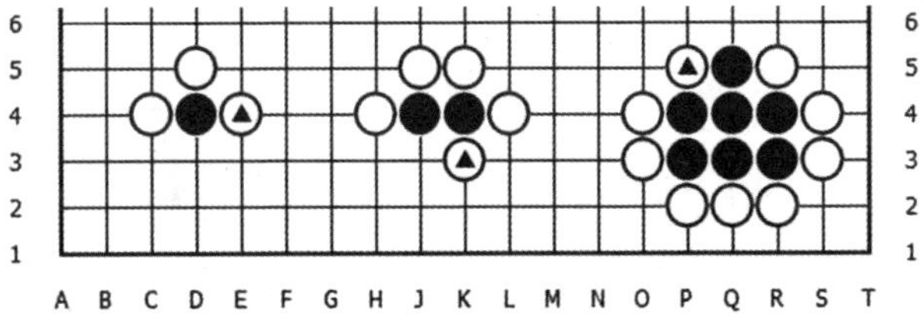

第一章 天圆地方：何谓围棋

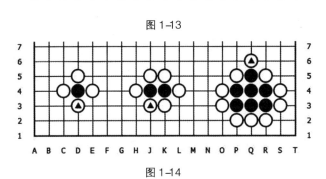

图 1-13

图 1-14

2. 提

"提"也称"吃"。对于一方的"打"，另一方如果不应的话，一方可以将另一方所有的气紧住，将这一颗或一块棋子拿下棋盘，称为"提"。图 1-14 中的白▲均为"提"。提后的状态如图 1-15 所示。

3. 劫

当两方各有一枚棋子处于被叫吃且叫吃对方的情况，一方提掉对方的一枚棋子，对方不能立即回提（否则将形成全局同形再现，不被规则允许）时称为"劫"，争夺劫的过程称为"打劫"或"争劫"。图 1-16 左边所示即为"劫"，右侧一型中，黑 1 提称为"提劫"，白 2 不能立即提回，需在全盘其他位置要求黑 3 应一手，再于白 4 提回。过程中，白 2 称为"找劫"，这一位置称为"劫材"，黑 3 称为"应劫"。如果黑 3 不理，认为此处的劫争价值大于白 2 找劫的位置，则可在白▲位"粘劫"，或称"消劫"。

4. 长

当双方棋子相互接触时，向己方连接处的前方继续落子，称为"长"。如图 1-17 白 1、黑 2、白 3 均为"长"。其中白 1 由于紧贴黑棋而行，也称为"贴"。白 3 由于朝逆方向行

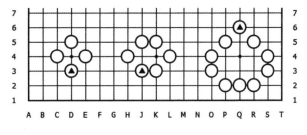

图 1-15

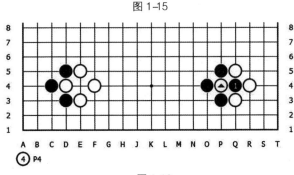

图 1-16

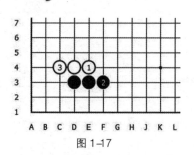

图 1-17

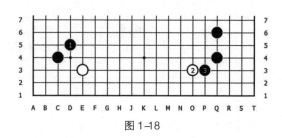

图 1-18

棋,也可称为"退"。

5. 尖

"尖"也称"小尖"。在与己方棋子相距最近的对角交叉点上落子,称为"尖",如图1-18中左边一型的黑1。在右边一型中,黑3由于兼有顶住白2一子的作用,因此称为"尖顶"。

6. 冲

落子后使紧贴己方这枚棋子的对方棋子分割成两边的手段称为"冲"。如图1-19中的白▲均为"冲"。

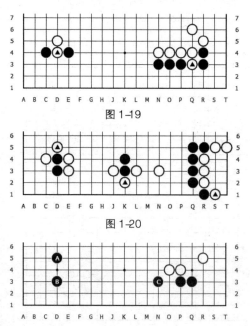

图 1-19

图 1-20

图 1-21

7. 挡

阻止对方棋子进入己方阵地,或阻止对方棋子冲出的招法称为"挡"。如图1-20中的白▲均为"挡"。

8. 跳

在与己方棋子同一条线上相隔一或几个空格落子,称为"跳"。

如果相隔一个空格,称为"跳"或"一间跳"。如果相邻两个空格,则称"二间跳"或"大跳"。如果一间跳是向棋盘中央,则称为"关"。如图1-21中的黑A(相对于黑B)、B(相对于黑A)、C,均可称为"跳"。

第一章　天圆地方：何谓围棋

9. 飞

在与己方棋子成"日"字形的对角交叉点上落子时，称为"飞"，又称"小飞"。如果为"目"字形，则称"大飞"。"小飞"与"大飞"如图1-22左右两型所示。

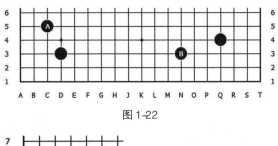

图1-22

10. 双

使一对己方两颗并排棋子形成"跳"的结构，称为"双"。双的结构连接最为稳定，如图1-23黑棋所示。

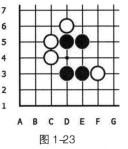

图1-23

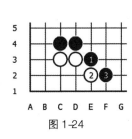

图1-24

11. 扳

当双方棋子紧贴时，在对方顶端落子，阻挡对方进一步长出的招法称为"扳"，如图1-24黑1。图1-24中，黑3在黑1扳的基础上继续扳，称为"连扳"。

12. 渡

在棋盘三、四线以下，在对方棋子的底部落子，使己方两部分棋子取得联络的招法，称为"渡"。如图1-20中，中间一型的白△即为"渡"。

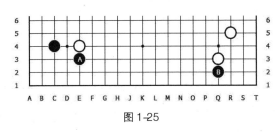

图1-25

13. 托

在棋盘边角地带，在对方棋子的下边落子的招法，称为"托"。如图1-25的黑A、B，均为"托"。

14. 并

在与己方棋子同一条线上相邻落子，称为"并"。如图1-26中的黑1所示。

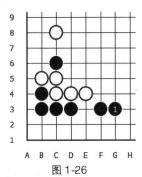

图1-26

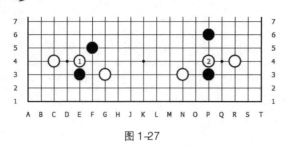 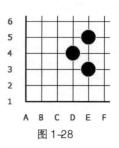

图 1-27　　　　　　　　　　　图 1-28

15. 跨

在对方构成"飞"(或大跳)的形状后分断对方的招法,称为"跨"。如图1-27中的白1、2均为"跨"。

16. 虎

三颗己方棋子构成"品"字形,中间一个交叉点如果对手落入,则会气尽而亡。这一棋形称为"虎",中间一点称为"虎口"。如图1-28所示(虎口为E4)。

17. 点

对于对方棋形薄弱处进行试探的招法,一般统称为"点"。其中在对对方"虎"或"跳"等棋形构成破眼、切断等威胁时,落下的招法称为"刺"。在图1-29中,白1、2、3、4均可称为"点",白2亦可称为"刺",白3由于黑棋棋形的特殊,称为"点方"。

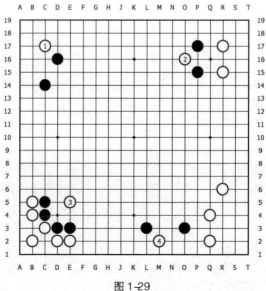

图 1-29

第三节　围棋、中国象棋与国际象棋之文化比较

一、中国象棋与国际象棋

一般认为,中国象棋与国际象棋都源于印度的一种棋戏:恰图兰卡。恰图兰卡约在公元2—4世纪流行于印度,其梵文是"四个部分"的意思,由大象、战车、骑兵和步兵四种棋子组成。公元6世纪,恰图兰卡发展为"沙特兰格"(波斯语)、"沙特兰兹"(阿拉伯语),在中亚广为流传。棋子由四个演变到三十二个,双方各有一王、一臣、两车、两象、两马和八兵,已具有现代国际象棋的规模,但棋子走法略有不同(车、马一致,但王车不能易位):兵第一步只能走一格,不能吃过路兵,到底线只能升变为臣,臣只能在斜线上走一格(类似中国象棋中的士),象只能在斜线上一步走两格(类似中国象棋中的相,但无蹩足之限)。

公元8—9世纪,"沙特兰兹"传入欧洲。欧洲对其走法进行了系列改进:兵第一步可以走两格,象和马没有了绊脚的限制。特别是"臣"被法国人改为王的配偶——"后",成了威力最大的一个子,直、横、斜线均可行,获得了"疯后"的称呼。到15、16世纪之交,最终定型为今日样式的国际象棋。

关于中国象棋的产生有很多争论,一种说法是中国象棋和国际象棋有着共同的渊源,都是源自恰图兰卡。也有一种说法是中国象棋为中国本土产物。有人认为"象"即大象,河南是中国文化的发源地之一,简称豫,因此中国古代完全可以产生以大象命名的棋类。还有学者认为,象棋之"象"乃是易

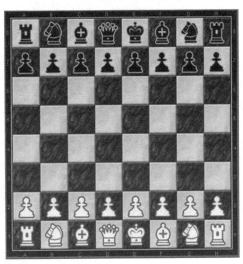

图1-30　国际象棋棋盘棋子

图1-31 八八象棋棋盘

经中的"卦象"之象,"象天则地"之象,具有象征、象形、观象制器、立象尽意等内涵。

中国象棋起源的另一种说法是与中国古代的博赛之戏有关,同时吸收了源于印度的波罗塞戏的一些成分,改造而成。象棋的雏形是象戏,象戏之称始于北周,有周武帝"造象戏"之说。唐代流行一种宝应象棋,棋子名称有上将、辎车、天马、卒(六甲),完全是立体形的象形制品,没有文字。宝应象棋的棋盘为六十四格,黑白相间,故又称"八八象棋"。宝应象棋无论棋子的形制,还是棋子的排列、开局、走法,都与今天的国际象棋相似。由此可见,中国象棋和国际象棋也可能存在一些共同的渊源。

到了唐代末年,象棋的形制又产生了巨大的变革。棋盘由六十四个黑白相间的小方格演变成由纵横直线相交叉组成的平面方阵图,比较像围棋的棋盘。棋子由小方格内行棋改变为在交叉点上作直线或斜线运动。当时流行一种"大

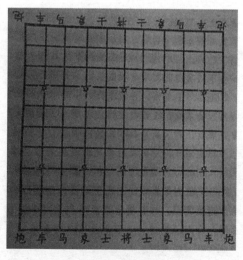

图1-32 大象戏棋盘

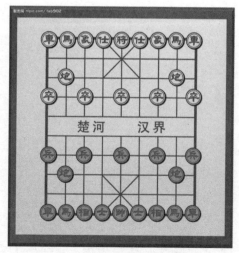

图1-33 定型的中国象棋棋盘棋子

第一章 天圆地方:何谓围棋

象戏",纵横十一路,三十二枚棋子,有将、车、马、卒、象、仕、炮七个兵种,棋子的下法由八八象棋的走"格"改为走"线"。棋子与现在的象棋相比已经完全一致,只是摆法不同。

北宋年间流传着各种形制的象棋,到南宋逐渐定型为现代通行的象棋格局,开始有了楚河、汉界。

中国象棋和国际象棋如果有一个共同渊源的话,那么它流传到西方成了国际象棋,流传到中国成了中国象棋,这个流传的过程就是不同文化对其不断改造的过程,从中可以发现中国文化与西方文化对这种游戏的重大影响。首先,比较国际象棋的国王和中国象棋的将和帅。国际象棋的国王可以行进到棋盘的任何一个地方,而中国象棋里的将帅,在最早的规则里能够"仗剑行游",但被现行规则禁止在了"九宫"(即皇宫)里。在将的侧翼,国际象棋为"后",中国象棋为"仕"。"后"与"仕"的源头都是"臣"或"偏将",但中国象棋的臣子转化为"仕"后,便成为了皇帝的宫娥嫔妃,在规则上也只能斜线行进,且不能越出九宫。而国际象棋中的"后",却成了威力最大的一个子。

图1-34 12世纪意大利棋子"王后"

国际象棋中原本无足轻重的"臣"转变为威风凛凛的"后",美国女性研究学者玛里琳·亚洛姆在《国际象棋"王后"诞生记》一书中认为,其原因大致有三:第一,中世纪欧洲各国女王执政现象普遍,成为"后"的现实原型;第二,中世纪欧洲的圣母玛利亚崇拜是"后"的精神原型;第三,12世纪起西欧骑士时代女性崇拜观念对棋类游戏的影响。而中国象棋"仕"的走法变化则与中国古代女性地位逐渐降低,充当了被禁锢的角色有关。

图1-35 13世纪瑞典骑马的"王后"棋子

此外,中国象棋中的"象"与国际象棋中的"象"也存在重大差别:中国象棋人为存在一条国际象棋中没有的"楚河汉界",其"象"不能像国际象棋中的

"象"那样全盘活动,"马"也有"蹩马脚"的限制。这些都有可能是中国文化中礼节束缚、尊卑约束的表现。

而"兵"或"卒",在中国象棋和国际象棋中有着共同的特点:只能向前走,不能后退。这是社会底层角色共同的命运。但国际象棋中的兵到达底线后可以升位,这与国际象棋定型于15世纪文艺复兴时期,新兴的资产阶级强调通过竞争,实现个人价值的观念有关。

二、围棋与象棋

围棋与象棋的最大不同,在于象棋的棋子自诞生之初便有了身份等级地位的差别,"王"或"帅"与"兵"或"卒",天生有着规则限制的巨大不同,这可能是阶级社会的遗存。而围棋没有等级,只有黑白两色棋子,更像是原始公社制时代的产物。每个棋子都是平等的,它们的区别只在于所处的位置不同,发挥的作用便不同。但是任何一个子都有其作用,即便是被吃掉的子都有可利用的价值,即通过弃子来获得利益。

在争斗方式上,中国象棋为楚河汉界,两军对垒。棋子的"身份"既是人,又有人之外随着人类社会战争发展到一定程度所产生的种种工具、兵器,如战马、炮、战车等。而围棋的战争中没有"兵器",其规则只是简单的四个子围一个子,

图1-36 山西洪洞县广胜寺水神庙西壁画

没有兵器,典型的人多为胜。围棋战争的原始性,说明它是比象棋更古老的一种游戏。

在行棋目的上,象棋是对现实生活中人类之争的直接模拟,以吃子为目的,即消灭对手。而围棋,在吃子之外还有一个更重要的判定胜负的标准,即围地的多少。因此,以围棋的模拟本体——人类生存为喻,围棋追求的是积累资源、财富,通过对土地等资源的竞争达到强于对手的结果,其目的并非一定消灭对手。

围棋和象棋还有一个重大的差别:象棋被认为是具象的,而围棋被认为是抽象的。中国象棋的棋子在宋代之前与国际象棋类似,是一种象形的棋子,每个子都是身份、地位、等级的象征。象棋对人生社会战争的模拟是比较直接的一种,而围棋看起来最为简单,只有黑白两种棋子,纵横十九道格子。但是最简单往往也意味最复杂,围棋就代表着"简单中的复杂"。所谓"黑白之道""阴阳之道",中国的文化和哲学是用阴阳之道来概括一切:"天地合而万物生,阴阳接而变化起",中国古人用阴阳之道来解释万事万物的起源变化。当棋道也被看做是"一阴一阳"时,它就被中国古人赋予了许多玄妙的意义,与天地之象、帝王统治、军事战争、兵法等结合在一起。所以围棋既是一种最简单的游戏,同时又是一种最复杂的游戏。

中国艺术的精髓就是简单中的复杂,以至简生至繁,以至简驭至繁。中国书法、绘画、诗歌、茶道讲究的最高境界都是"意在言外""羚羊挂角、无迹可寻""不着一字、尽得风流"。以"留白"作为一种回味,将"简单"衍生出无尽的意蕴。因此,围棋也被中国古人定义为"形而上之道"。以这个审美角度作为评判标准,围棋在中国古代愈来愈被看作是一种高雅的游戏,甚至成为艺术形式之一,作为文人风雅的象征,在唐宋之后的士大夫阶层广为流传。而象棋走向民间,出现了所谓"弈贵象贱"的现象,这与中国文化传统中对待"抽象"与"具体"的态度不同恐怕不无关系。

尽管有"弈贵象贱"之说,围棋与象棋在其发展过程中,仍然常常结下不解之缘。

首先,围棋与象棋同是盘上棋戏,古人不仅习惯于以易、以儒家之道比附棋道,在棋艺上,两者也颇有相通之处。就以围棋、象棋界一直争论不休的"十诀"为例。一般认为,"十诀"是南宋时代出现的象棋理论。最早见于元泰定本《事林广记》中,其内容为:一、不得贪胜;二、入界宜缓;三、攻彼顾我;四、弃子争先;五、舍小就大;六、逢危须弃;七、慎勿轻速;八、动须相应;九、彼强自保;十、势孤取和。

在"十诀"的传播过程中,又逐渐被当作围棋理论。明代陈耀文《汉中记》卷四一、明谱《玉局勾玄》均题为北宋刘仲甫作;明代刘仲达《鸿书》则标为唐代王积薪所传。

"十诀"也许首先是象棋理论,但在传播过程中,围棋逐渐反客为主,夺得了"发明权"。那么,"十诀"究竟是姓"围"还是姓"象",直到今天仍颇多争议。与其为"十诀"的归属权争论不休,不如把"十诀"看作是高度概括后的基本棋理,通用于围、象二棋。

围棋与象棋类似的这种纠葛,也常体现于一些与棋有关的传说中。最典型的一例莫过于关于"橘中戏"的传说。唐牛僧孺《幽怪录·巴邛人》载:

> 有巴邛人,不知姓名,家有橘园。因霜后,诸橘尽收,余有两大橘,如三斗盎。巴人异之,即令攀摘。轻重亦如常橘。剖开,每橘有二老叟,鬓眉皤然,肌体红润,皆相对象戏,身长尺余,谈笑自若。剖开后,亦不惊怖,但相与决赌……

图1-37　明·张路《商山四皓图》

"相对象戏",说明橘中叟玩的应是象棋的前身。象棋棋谱著作中有《橘中秘》。但在《幽怪录》中又有"橘中之乐,不减商山"之语。四皓商山围棋的传说,早在陈隋时期便已形成了。其时,象棋尚未定形,因此,唐人及唐以后

第一章 天圆地方：何谓围棋

的人往往把这个传说看成是围棋的传说，大加弘扬。如《梨轩漫衍》就说："围棋初非人间之事，其始出于巴邛之橘，周穆王之墓，继出于石室，又见于商山，仙家养性乐道之具也。"

围棋与象棋的解不开的情缘，乃是因为两者不仅在棋艺上，同时在功用、趣味上都有相通之处，遂无论棋论还是传说，都产生了一种有趣的飘移现象。"忘忧清乐在枰棋"，象棋有《橘中秘》《梦入神机》《适情雅趣》《梅花泉》《竹香斋》，围棋有《橘叟玄谈》《石室仙机》《适情录》《桃花泉弈谱》《师竹斋谱》，从这些棋艺著作的名称，我们就可以发现两者在趣味上有着惊人的相似之处。它不仅表现了古人在棋道上崇尚高雅玄妙的旨趣，从烂柯、橘中、洞中之乐中，我们也可以感受到古人的人生追求，他们对凡俗的现实之外的美好的"仙人"世界的期望及其中包含的超越意识、浪漫情怀。

 拓展阅读：

《中国围棋》，刘善承主编，四川科学技术出版社、蜀蓉棋艺出版社，1985年。
《围棋文化诗词选》，蔡中民选注，蜀蓉棋艺出版社，1989年。
《围棋词典》，赵之云、许宛云著，上海辞书出版社，1989年。
《艺术的幽思——琴棋书画》，刘玉平、周晓琳著，四川人民出版社，1995年。
《中国象棋史》，张如安著，团结出版社，1998年。
《围棋规则新论》，陈祖源著，蜀蓉棋艺出版社，2000年。
《围棋与中国文化》，何云波著，人民出版社，2001年。
《围棋知识》，程晓流编著，人民体育出版社，2009年。
《围棋文化演讲录》，何云波著，湘潭大学出版社，2014年。

第二章

气：棋子生存之本

  "气"是中国哲学与美学的一个重要范畴。中国古代文论强调"文以气为主"，书画理论强调"气韵生动"，而作为琴、棋、书、画四艺之一的围棋，"气"更是棋子的生存之本。棋以气生，气尽棋亡，构成了围棋规则的核心。如何让棋子活在棋盘上，是对局首先面临的最重要的问题，它也决定了围棋的一系列基本下法、战略战术，如吃子、逃子、死活、对杀等等。

第一节　围棋之"气"与中国文化

气的本义为"云气""空气""水气"、人的呼吸之气等,包括人在内的各种生物都有赖于"气"而生存,气成了生命之源。中国古人在探讨宇宙与生命的起源时,常常归之为"气",所谓万物之生,皆禀元气。

"气"这一概念在中国哲学中源远流长。八卦卦象均与"气"有关,"—"为阳爻,象征"阳气","- -"为阴爻,象征"阴气"。八卦卦象的变化就是"气"的流转的结果,天地万物有赖于"气"而存在。人的生死,不过是"气"的聚散而已,《庄子·知北游》曰:

> 人之生,气之聚也,聚则为生,散则为死。若死生为徒,吾又何患,故万物一也。是其所美者为神奇,其所恶者为臭腐;臭腐复化为神奇,神奇复化为臭腐。故曰通天下一气耳。

"气"的凝聚便构成万物的形体,万物的离散又返归到"气"的原始状态。生与死、神奇与臭腐、美与恶的互相转化,贯通。或生或死,或神奇或臭腐,都统一于"气"。所以说,"通天下一气耳"。

在中国古代,"气"既是物质,又是精神,被视为万物本原的"气"可以化为任何有形质的东西,又具精神性的内含,具有无限的包容性、多义性、渗透性、生发性。正是凭借这种在"有"与"无"、"人"与"物"间的自由转换,"气"与宇宙同构,与人和万物相融,与"道""理"等抽象范畴相通,构成了中国哲学与文艺论中的一个重要范畴。

围棋的生成,同样就是一个"气"字。

我们把棋盘上与一枚子或一块棋(若干枚一个一个无间隔地连接在一起的同色棋子整体称为一块棋)相邻的未着子的点称为该棋子的"气",如图2-1中A处的黑子有4气(打×处,下同),B处中两枚黑子有5气,C处中黑子有7气,白子有3气(▲处)。

从发生学的视角看,围棋的原生规则仅有两条:1.棋子死活规则;2.判明胜负的地域规则。关于前者,围棋规则如是界定:"棋子之死活,以可否提取为准。可以提取为死子,不可提取为活子。"而"提取"是否可操作则由枰上棋子的气态来决定:"凡气尽之棋子,由尽其气者置于枰外谓之提取。"概言之,棋以气生,气尽棋亡,成为围棋规则的最核心最根本的内容。所谓气尽,也就是通常所说的没有气了,如图2-2的黑子都是气尽状

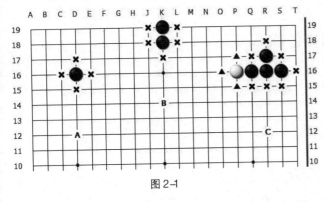

图2-1

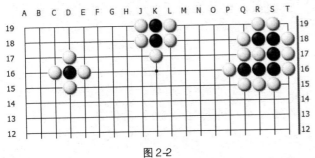

图2-2

态。气尽的棋子叫做死子,死子是无权存留在棋盘上的,应该由对方马上从棋盘上拿掉,俗称吃子。拿掉后呈现图2-3状。

当出现黑白双方彼此接触的两部分棋子都处于气尽状态时——如图2-4中左侧有▲标记的黑白各两枚棋子——是否双方都是死子呢?规定由下最后一子的一方吃掉对方,形

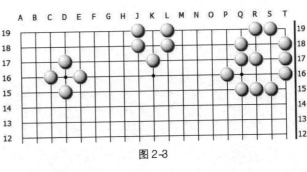

图2-3

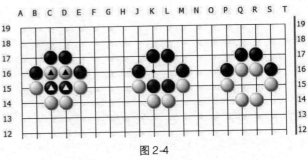

图2-4

成如中或右两图状。

棋枰上,未落子时,是一片原始浑一之"气",子落盘上,每个子都是围绕"气"而展开。棋子对生存空间的争夺主要体现为对生命之气的争夺。在围棋中,空点与气点总是有机联系在一起的,对局中黑白双方也总是采取各种可能的手段抑制或灭绝对方的生存之气。于是与"气"有关的各种术语与战术手段应运而生:外气、内气、公气、气数、气眼、收气、长气、杀气、撞气……而围棋的棋形,即棋子在棋枰上的配置,其形态与气态也是联系在一起的。优美而富有弹性的棋形,气态流畅、舒展,富于生命活力;反之,所谓愚形、凝形,则棋子凝聚一团,相互撞气,给人呆滞、死气沉沉之感。所以,行棋一般应沿其气态舒展、宽阔的一面发展,所谓"入腹争正面""棋子沿边活也输""凡跳无恶手",从不同角度阐述了这一道理。

棋局的胜负计算,本质上也与"气"有关。"空点"即"气点","空"之多少取决于活棋之外还余多少"气"。所以中国唐宋围棋规则,枰上地域以黑白双方能否在其上着子为标准。每块棋活棋的两个最基本的"气点"不算空,明清"数子法"还棋头的规定也源于此。

围棋之战,乃是人类争夺生存空间(生命之气)的象征,而围棋以气为本的生命观,本质上体现了中国先人的宇宙观、生命观。

第二节 吃子的基本方法

一次大的战役,是由若干大小战斗组成的;一局棋也是这样,是由各个局部的战斗演绎下来的。要想取得一盘棋的胜利,首先要取得局部战斗的成功,这就要求我们学习掌握一些基本的紧气、长气手段和吃子技巧。

围棋是以双方围占地域的多寡决定胜负的,在双方抢占地盘时是会发生战斗,甚至是你死我活的战斗的。那么如何消灭对方,又如何保全自己呢?由于

"气尽棋亡",故战斗中如何使对方的气减少(变短),使己方的气增多(变长),就成为必须掌握的了。

1. 紧气

使对方的棋的气变短称为"紧气",方法就是把棋子下到对方棋子的"气"上。图2-5,黑三子有3气(A、B、C),白方下到或A或B或C上,黑三子就只剩下2气了,如图2-6。

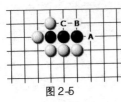

图2-5

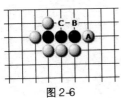

图2-6

2. 长气

使己方的棋的气变长称为"长气",如图2-5黑棋要长气,可下在A点,见图2-7,这样黑棋就由原来的A、B、C 3气变为B、C、D、E、F 5气。

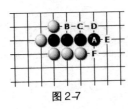

图2-7

3. 分断与连接

棋子的气长短,还往往与两个概念有关,这就是分断与连接。

将对方的棋子分割成两部分,叫做分断;将己方的两部分棋子连接成一个整体(俗称一块棋)叫做连接。分断往往是为了分而治之,让对方顾此失彼难以两全,而连接则可变弱为强。

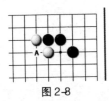

图2-8

图2-8、图2-9,黑方下在A点即是分断,而白方下在A点就是连接,这是非常简单和直观的。如图2-10,要找到如何使左边三枚黑子和右边两枚黑子联络的方法,可能就不太容易了。图2-11中的黑1是唯一能连接两边黑子的着法。

虽然吃子必然要紧

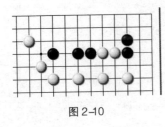

图2-10

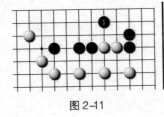

图2-11

气,但如何紧气却是大有技巧。下面介绍几种常用的吃子方法和行棋技巧。

1. 叫吃和双叫

当下一子后,使得对方的一枚子或一块棋只剩下一口气时,这手棋称为"叫吃"或"打吃",也简称为"叫"或"打",其含义就是下一手棋就要吃掉这枚子或这块棋了。

如图2-12中,黑方下在A,B,C都是"叫吃"。而一手棋使得对方两部分棋子同时处于被叫吃的状态,则称为"双叫吃",简称为"双叫"或"双打",如图2-13中,黑下在A或B即是。

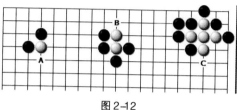

图2-12

2. 抱吃

图2-14,左侧,白方在A点叫吃二子与在B点叫吃有区别吗?由于局部左右同形,这两点叫吃是没有区别的。右侧则不然,由于右侧多了一子(带▲的白子),那么在C点叫吃,黑二子无法逃遁,优于在D点叫吃,这种叫吃称为"抱吃",意即牢牢抓住,使其无法逃脱。

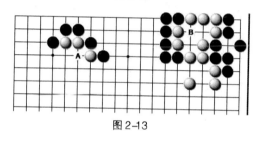

图2-13

3. 征

图2-15中,黑方下在A点或B点,都是叫吃,但在哪点叫吃为优呢?若A位叫吃,则白B位(长气)出逃,见图2-16,白有2气(C、D),;而若B位叫吃,则

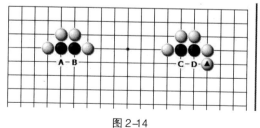

图2-14

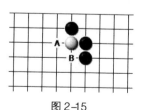

图2-15

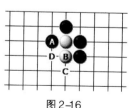

图2-16

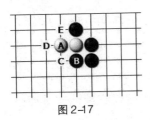

图 2-17

白 A 位出逃，见图 2-17，白有 3 气（C、D、E）。

显然，对于黑方而言，图 2-16 优于图 2-17。图 2-16 黑 A 叫白 B 逃后，黑方要继续叫吃又面临 C 点和 D 点的选择，如前所述，黑应在 C 点叫吃，如此演变下去（被追杀的白子始终在一口气和两口气之间徘徊），则如图 2-18，最后白棋全部被吃。自黑 1 开始的这种吃子的手段叫做"征"。也叫"扭羊头"。

实际上，使用"征"这种吃子的手段，是需要前提条件的。不难看出，征吃是一种追杀，而且追杀的方向是很有规律的。如图 2-19，被征方（本例为白子）的逃跑是沿着两条并行的斜线进行的，图中用"○"表示，而征方的棋子也是沿两条并行的斜线进行，且紧贴逃跑路线，图中用"×"表示，再加上两侧用"▲"表示的斜线，如果在这六条线上（用"■"表示的 6 点除外）有被征方的棋子，则是不能征吃的。否则会损失惨重。见图 2-20，图 2-21，图 2-22。

图 2-20、图 2-21 逃跑的子与原来在逃跑线上的子（有▲标记的）汇合，使得整队棋子有了 3 气或 4 气，黑方就无法征吃掉白子了，尤其是还出现多个被双叫吃的地方，损失惨重不言而喻。

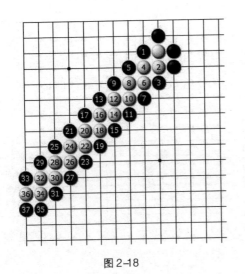

图 2-18

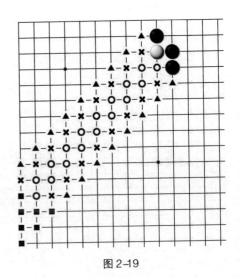

图 2-19

图 2-22 则是原来在逃跑线上的子(有▲标记的)使得征吃的一方出现被叫吃的状况,征吃失败。

4. 门

如图 2-23,由于征吃的线路上有白子,黑方无法在 A 位或 B 位征吃白子,能否设法吃掉这枚白▲子呢?

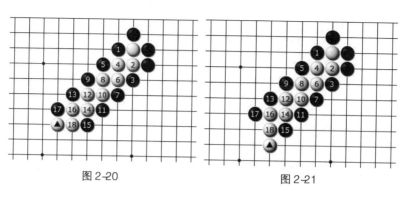

图 2-20　　　　图 2-21

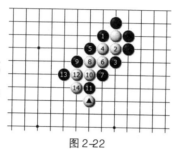

图 2-22

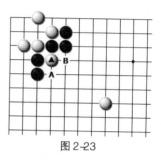

图 2-23

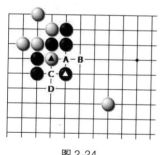

图 2-24

请看图 2-24,下上的黑△一子,虽然没有直接紧气,但似乎把白▲子关进了牢房,使之无法逃遁(白 A 则黑 B,白 C 则黑 D)。这种吃子方法叫做"门",也叫"枷"。

图 2-25 黑方下在 A、B 吃掉白子,都是"门"。

5. 扑

图 2-26 中的 A 或 B 处称为"虎口",因为对方

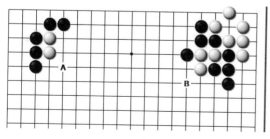

图 2-25

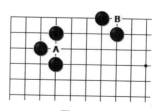

图 2-26

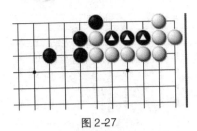

图 2-27

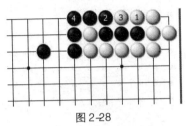

图 2-28

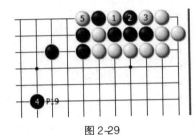

图 2-29

的棋子下在此处是会被吃掉的。初学者往往认为把棋子下在对方虎口中送吃肯定是坏棋,是这样的吗?请看图 2-27,白方能否吃掉黑△3子?若如图 2-28,白1紧气,黑2连接,白3叫吃,黑4再连接,可以说是白棋把黑棋护送回家了。如果如图 2-29,白1先在黑方虎口送吃一子,黑2吃后,白3再叫吃,黑4若在1位粘,是连接不回去的(这种情况叫做"接不归"),被白5全部吃掉。白方取得此战果应归功第1手的送吃。像这样下在对方虎口中送吃1子的手段称为"扑"。扑是非常重要的手段,其功效绝不仅限于吃子。

6. 倒扑

图 2-30,黑方能否吃掉白▲二子?

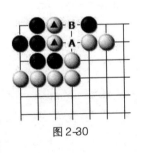

图 2-30

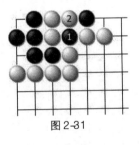

图 2-31

图 2-31,黑1下在前图 A 位送吃,被白2 B 位提后,可立即再下在 A 位吃掉白三子,像这样一子被吃后马上可以在原处下子吃掉对方数子的手段叫做"倒扑"。

图 2-32,黑在 A 可吃白三子,但如下在 B 点则形成倒扑之势吃掉三子的同时,还叫吃白▲一子(见图 2-33),二者优劣立判。

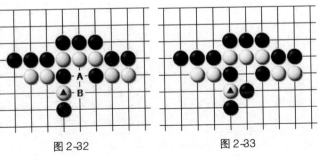

图 2-32　　　　图 2-33

7. 夹

图 2-34,要使两部分黑子连通,必须吃掉白×二子,直接紧气行吗？若黑A则白B,若黑B则白A,无法捕获白二子。但当黑棋下在图2-35的△位后,白二子已无法出逃(白A则黑C,白B则黑D)。白的这手棋称为"夹"。所谓"夹",是指两枚子紧紧地将对方一子夹在中间。

如图 2-36 的黑1夹,使得右边两枚黑子得以与左边黑棋连通。

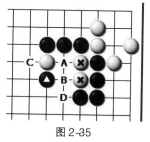

图 2-34

图 2-35

8. 挖

将棋子下在对方两子之间,称为"挖",如图 2-37 中的白1。挖的手段,常用来分断对方的棋子。

图 2-38,黑方能否将左边两白子与右边的白子分断？

图 2-39,黑1挖,继而白若A则黑B,此时C,D两点黑必得其一;白若B则黑A,然后E,F两点必得其一,白二子被分断。

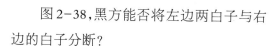

图 2-36

9. 立

二线上原有子继而再在紧邻的一线上下子,此手棋叫做"立",以下三图

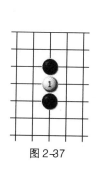

图 2-37

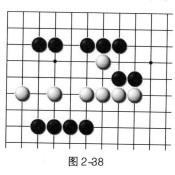

图 2-38

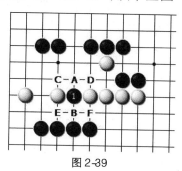

图 2-39

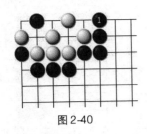

图 2-40

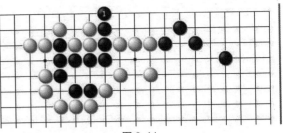

图 2-41

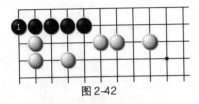

图 2-42

（图 2-40、图 2-41、图 2-42）中黑 1，都是立。立的应用十分广泛，在"连接""分断""紧气""长气""杀棋""做活""收官"等方面都可见到。

10. 金鸡独立

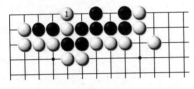

图 2-43

图 2-43，白 1 的立造成左右两边的黑棋都不能对其紧气（俗称"不入"），从而不能吃掉这两枚白子，这样的立叫做"金鸡独立"。图 2-44，黑 1 后造成白在黑三子两边都不入，虽然此图中没有"立"，但依然叫做金鸡独立。金鸡独立是这类棋形的总称。

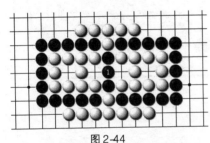

图 2-44

图 2-45，被黑棋包围的两枚白子只有 2 气，如果能做到不被吃掉，那么两边的黑棋就是死棋了。

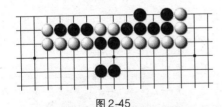

图 2-45

图 2-46，白 1 妙，成为金鸡独立，黑 2 顽抗，欲投入 A 点成劫。接着图 2-47 白 3，又一次形成金鸡独立，致使两侧黑棋全死。

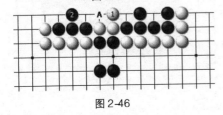

图 2-46

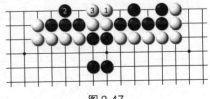

图 2-47

11. 滚打包收

如图2-48,白▲二子将黑子分断为两部分,能否将其擒拿关系重大。

图2-49,黑1门,为白二子设下陷阱,白2若浑然不知,以为可以冲出牢笼,结果遭到了黑3、5、7连续追打,无可喘息,最后被吃。

图2-50,白▲三子处于要津,黑有何手段呢?

图2-51,黑1断打,深谋远虑,白2只此一手,黑3置黑1不顾再打,白4无奈(若下在黑5处,也无用,请自行演变),继而黑5、7再连续追打,白6、8别无选择,最后形成黑9征吃。

图2-52是两位业余棋手的对局,当白下出▲一子后,马上要在A位征吃两枚黑子(由白A黑B……直至白K),然而黑方没有消极防御,而

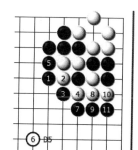

图2-48

图2-49

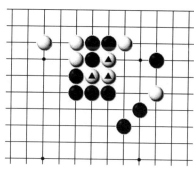

图2-50

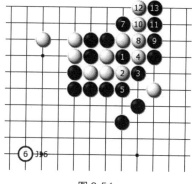

图2-51

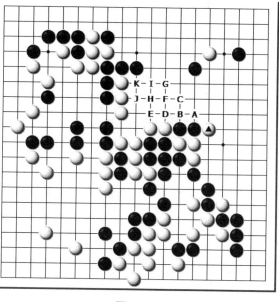

图2-52

是先发制人,如图2-53于1位、3位、5位一连串打吃,白方无还手之力,只能白2、4、6狼狈出逃,接着黑9继续打吃,占尽便宜后再于11位虎补,此时左右两块白棋都陷于险境。难于两全。

以上三例的共同特点是一方对另一方使出断、扑、门等组合拳在多方位实施一连串的叫吃,最后使之成为效率极低的饼状(多枚棋子聚成一团),甚至被吃掉。我们把这样的组合拳称为"滚打包收"。

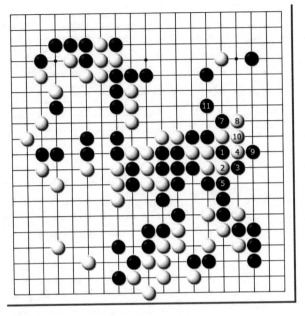

图2-53

实际上,围棋的基本技巧是很多的,关键是要会灵活运用,尤其是多种技巧的组合,所谓组合拳,这些要通过实战去学习和提高。

第三节 活棋与死棋

虽然我们学习了很多吃子的方法,但并非所有下在棋盘上的棋子都是可以吃掉的,那些不可能被吃掉的棋叫做活棋。同时也会发现,有的棋虽然还有气,但却是无法避免被吃掉的,称为死棋。

为了弄清楚什么样的棋是活棋,为什么是活棋,首先要介绍又一个重要的概念:"眼"。

我们把同色棋子围住的点,叫做"眼"。如图 2-54 中的 A 点、B 点和 C 点。所以取名为"眼",是因为这种地方很像是个洞。那么"眼"有什么意义呢?

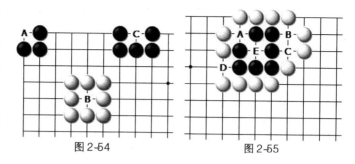

图 2-54　　　　图 2-55

请看图 2-55,被白子包围的黑子还有 5 气(A、B、C、D、E),其中 A、B、C、D 四个气彼此没有本质的差别,但眼内 E 处的气与其他 4 气不同:只有当 A、B、C、D 的气都紧完时,才能紧 E 处。而在其他的气没有紧完时,该处是禁入点,可见眼是特殊的气,通常把 A、B、C、D 称为外气,眼内(E 处)的气叫做内气。

一、活　棋

所谓活棋,显然就是对方无法吃掉的棋。是否凡是有气的棋就是活棋呢?不一定。如果一块棋无法避免被对方造成气尽的状态,那就是死棋,如图 2-55 中的黑棋(顺便说一下,一块死棋,如果没有逃跑等可能是不必紧气吃掉的)。换句话说,一块棋对方无法使之气尽,那就是活棋。

活棋的形式:

1. 眼活

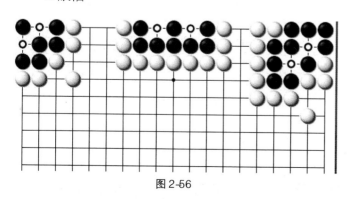

图 2-56

当一块棋有两只眼时,对方是无法使之气尽的。见图 2-56,图中三块黑棋被白棋紧紧围住,但都有两只眼(标有○的点),由于禁入点的规定,白方是无

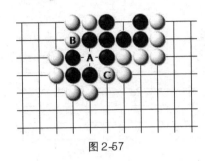

图 2-57

法下入黑棋的眼内的。可见有两只眼的棋是活棋。

应该指出,很多初学者,以为图 2-57 中的黑棋有两只眼,实际上,此时白方可以下在 A 点吃掉三枚黑子,也就是说,A 点不是眼,俗称为假眼,其原因是白方同时占住了 B、C 两点。初学棋者应能准确而快速地识别真眼和假眼。

2. 双活

见图 2-58,左边图中 4 枚黑子和 3 枚白子都处于对方的包围之中,各只有两气,即 A、B 两点(像这样同为两方的气,称为公气)。如果某一方想吃掉对方,必须下在 A 或 B 紧气,如此则对方继而下在 B 或 A,反而被吃,所以双方都不愿着子,也就无法吃掉对方,故这 4 枚黑子和 3 枚白子都是活棋。这样的活棋称为双活。另,图 2-58 右边被包围的 4 枚黑子和 5 枚白子由于双方都不会在 C 点下子(会被对方吃掉),因此也就无法吃掉对方,故也是双活(称为有眼双活)。

3. 地活

当一块棋围起足够大的一块地域(如图 2-59 中的两块黑棋),对方也是无法吃掉的,这是因为对方无法阻止其做出两只眼(详见后文,"大眼的死活"一节),这种活棋称为"地活",地活的效率高于眼活。

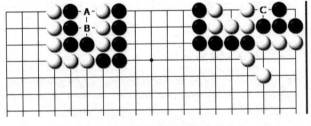

图 2-58

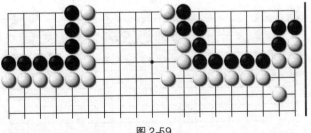

图 2-59

二、大眼的死活

图2-60中,被围黑棋是两只眼还是一只眼?是活棋还是死棋?请看图2-61,当白1下后,如果黑棋下在A点吃掉白1,显然黑棋成了一只眼;如果黑棋不下,则白棋继而可下在A点形成如图2-62状,从而吃掉黑棋。可见,图2-60的黑棋是无法避免被吃掉的,是死棋,当然就是一只眼。只是这样的眼比图2-54的眼大,通常叫大眼。

从理论上讲,凡没有被分隔开的眼不管多大都只是一只眼,就像一间大厅,如果没有用墙隔成数间,哪怕面积再大,也还是一间。下面四图(图2-63、图2-64、图2-65、图2-66)展现的都是常见的大眼。

图2-63,五块棋都是由三个点构成的大眼,根据形状,上面三个叫做"直三",下面两个叫做

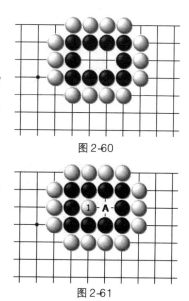

图2-60

图2-61

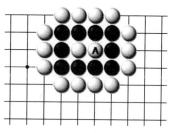

图2-62

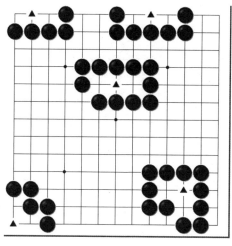

图2-63

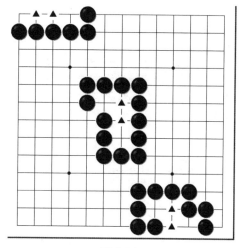

图2-64

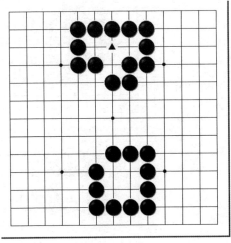

图 2-65

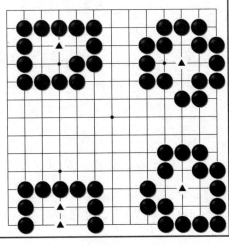

图 2-66

"曲三"或"弯三"。

图 2-64，三块棋都是由四个点构成的大眼，根据形状，上面的叫做"直四"，下面两个叫做"曲四"或"弯四"。

图 2-65，两块棋，上方叫"丁四"，下面叫"方四"。

图 2-66，上方左图叫"刀五"，右图叫"花五"；下面左图叫"板六"，右图叫"花六"或"聚六"。

一个大眼的一块棋被对方包围了，是死是活呢？这既是一个重要问题也是个基本问题。讨论分析如下（这里只讨论没有缺陷的完整的大眼）。

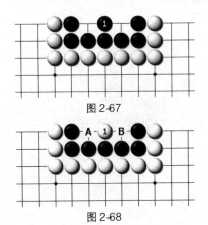

图 2-67

图 2-68

两个点的大眼，前面已证是死棋。

那么，三个点的大眼呢？以直三为例。见图 2-67，若轮被围方下子，下在直三的中点即 1 位，构成两眼，成为活棋；若轮对方即包围方着子，当对方也下在中点，如图 2-68，黑棋就无法避免被吃掉而被杀（请自验）。结论：直三既未活也未死，姑且叫做半死不活吧，其做活和杀死的要点是中间那一点。

曲三与直三完全相同，不再赘述。

再以曲四为例。见图2-69，由于黑下在A点或B点都能做成两眼，即使对方先动手，A、B两点黑方必能得其一，所以是杀不死的。可见曲四是活棋。图2-70的直四与曲四一样，也有两个要点，是活棋。强调一下，直四曲四的两个要点都在中间。

综上所述，一块棋如果有两个做活的要点，则对方无法杀死，是活棋；如果只有一个做活要点，则是半死不活，被围方抢占要点则活，包围方占住要点则杀。如果没有要点，如"方四"，当然就是死棋了。在图2-63、图2-64、图2-65、图2-66中，各种大眼的要点用▲标出。归纳如下：

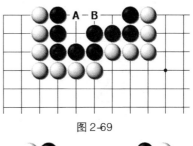

图2-69

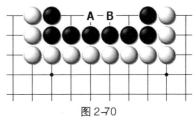

图2-70

活棋：直四、曲四、板六（"盘角曲四"和"角部板六"后文专述）；

死棋：方四；

半死不活：直三、曲三、丁四、刀五、花五、聚六。

由七个及七个以上的点构成的大眼，由于地域足够大，对方无法破坏其做出两只眼，这就是所谓的"地活"了。

三、劫杀（或劫活）

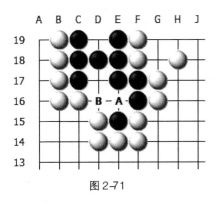

图2-71

通常我们把对方动手可以杀死，己方动手可以做活的棋称为半死不活。其实还有一类半死不活：己方动手也不一定就能做活，对方动手也不一定可以杀死。请看。图2-71，黑方先行，应下在何处？结果如何？显然若黑A，则白B，黑死；若黑B，见图2-72，黑1后，白可在2位提劫，黑方如能打赢这个

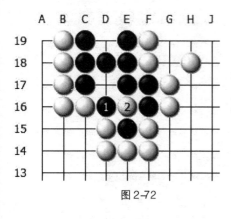

图2-72

劫,挣得在2位粘,则活;反之,如果白方劫胜,消劫后黑死。也就是说,当黑1后这块棋既没有活,也没有死,其死活并不由这块棋本身决定而是决定于这个劫,我们把黑1后的这块黑棋称为打劫活,简称为劫活。当然站在白方立场上也可以叫做劫杀。

图2-73,黑1打,白方如何应对最佳?

图2-74,白2接看似必然,但黑3点中要害,白净死(净死即无条件死)。

图2-75,白2形成一个劫,若白方劫胜可A位提黑1成活,若黑A粘,则白B位立亦活。故,白2后成为劫活。也可以说黑1后形成劫杀(白)。

注意,当无法净活或无法净杀时,要考虑能否成劫活或劫杀,不要轻易放弃。

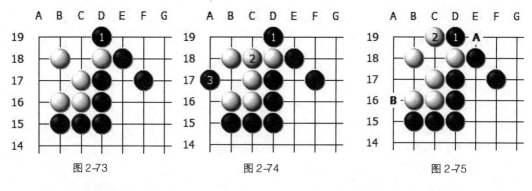

图2-73　　　　图2-74　　　　图2-75

四、盘角曲四

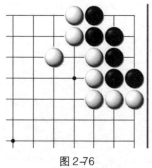

图2-76

如图2-76,在角部被包围的(黑棋)曲四。因为位置特殊(曲四的四个点全部在棋盘的两条边线,也叫一线上),它的死活不同于一般的曲四,情况要复杂得多。图2-77白1点中要害,黑2只此一手,但由于角部的特殊地形,白3

可提,成为打劫杀。

不过,如果这块棋有两口外气时,见图2-78,当白3提后,不存在打劫,因为黑下在4位叫吃后白无法阻止黑在2位提掉白1和白3两子,这种状况俗称"胀牯牛"。结论:角部曲四如果有两口外气是活棋,如果只有一口外气或没有外气则是劫杀。

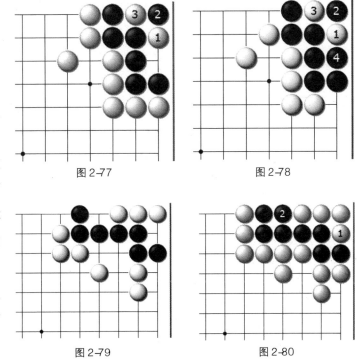

图2-77　　　　图2-78

图2-79　　　　图2-80

图2-79中,黑棋被叫做"盘角曲四",日本规则规定其是死棋。初学者对此很难理解:明明是"曲五",怎么说是"曲四"?明明是双活嘛怎能判为死棋!

那就来解剖分析分析吧。

先说说为什么是"曲四"。

首先,黑棋是无法动弹的(一动就成为死形——直三,请自验),只能任白方摆布。

其次,白方可以这样动手:第一步是紧掉黑棋的所有外气;第二步是择机如图2-80在1位叫吃,黑2不得不提,提后就成为了"曲四"。所以说,图2-79的黑棋实质上是"曲四",并有一个专用名称"盘角曲四"。

再说说是死是活。

如上所说,此形实质上是"曲四",那么接着,就如图2-77,形成劫杀(注意

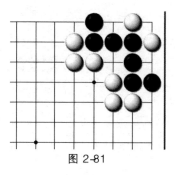

图 2-81

轮黑方寻劫材)。看来这就是结果,或者说这是黑方期待的结果。

然而,前面说过,由于黑棋无法动弹,何时动手主动权完全在白方,当白方选择在把对方的劫材全部补完后再动手,那么这个劫对黑方也就没有意义了,黑棋实质为净死的棋。在中国规则中称之为"盘角曲四,劫尽棋亡"。当然如果全盘劫材无法补尽(如有双活的棋),那么"劫不尽则棋不亡",规则规定由实战解决。这是中日两国围棋规则不同之处之一(日本规则不管劫材能否补尽,硬性规定此形为死棋,其理由不在此赘述)。

图2-81中的黑棋也是盘角曲四。

五、典型死活实例

当一块棋被包围后,就要对其生死进行判断,是死?是活?抑或是半死不活?若是半死不活进而还要找到杀死或做活的方法,这叫做解死活题。解死活题的能力显然是棋艺水平高低的标志之一。虽然实战中出现的死活题千变万化,但解死活题还是有规律可寻的。

杀棋的思路:

1. 压缩其地域空间,使之小到做不出两只眼。方法往往是从外部挤压施力,最多的手法是"扳"。

2. 寻找到棋形的弱点,破坏其结构使之无法做出两眼。当然是从内部着手,常用"点"的手段。

3. 复杂的死活问题,多半需要一连串的手段,不是一招就能奏效的。

下面介绍的几例既是基础的又是经典的,同时还是经常出现的,希望能举一反三。

1. 七子沿边

如图2-82,在二线上一连七个子一字排开,两端又被对方的子(▲)堵住,此形称为"七子沿边"。是最简单的死活题。杀法见图2-83,白1、3两边扳,使其地域缩小成"直三",然后白5点中要害。如轮黑方下,下在1位或3位,可保成"直四",活。

2. 大猪嘴

图2-84,黑棋是在实战中常见的棋形,是经典死活题,其杀法颇具代表性。图2-85白1扳压缩黑棋空间,黑2挡,不能退让(否则因空间太小明显无法做出两眼),白3点中要害,黑4顽抗,企图做出又一只眼(D),白5立冷静,由于B、C两点黑方不能兼得,D点乃是假眼,黑死。如果黑4改下别的地方,不管改下在哪一点,白都应在5位立,黑依然做不出两眼。白1、3、5的"扳""点""立"是一套精妙的组合拳。

实战中还常出现类似大猪嘴的棋形,也可运用大猪嘴的杀法,甚至很多其他的棋形也是可以借鉴的。

3. 小猪嘴

图2-86,黑棋是小猪嘴。别看它比大猪嘴小,但棋形结构优于大猪嘴,杀法不是一眼能看透的。图2-87,白1往往被认为击中要害,但黑2后,就会发现此时黑做活有A、B两个要点,白方失败。通过总结研究,图2-88所示是双方最佳的对应,最后白5扑劫,黑6提劫,结论是劫

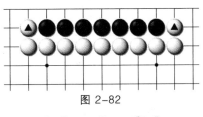

图 2-82

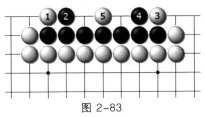

图 2-83

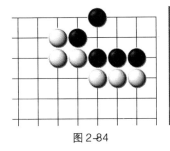

图 2-84

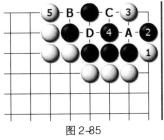

图 2-85

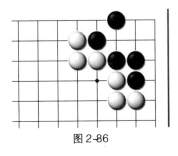

图 2-86

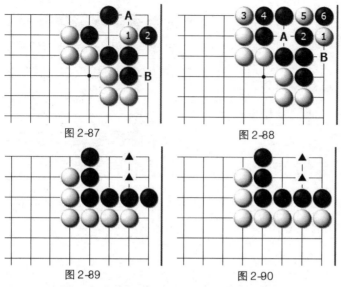

图 2-87　　　图 2-88

图 2-89　　　图 2-90

杀。也就是说黑棋的死活决定于这个劫的胜败。

4. 角部板六

在前面"大眼的死活"一节，介绍了板六是活棋，它的两个要点是中间的两个点。但这里谈的是角部的板六（见下面三图），由于其生死问题与外气有关，要分两口外气（图2-89）、一口外气（图2-90）和没有外气（图2-91）三种情况讨论。

（1）两口外气

见图2-92，因为板六只有中间两点是要点，当白1后，黑应对以2位，其后A、B两点任占一点即活，若白先占2位，则黑就下在1位，其后白D则黑C，成活；而白C，则黑D位扑，如图2-93成"胀牯牛"活，所以有两口外气的角部板六是活棋。

（2）一口外气

图2-94，白1、3、5杀法正确，黑2、4应对无误，成劫杀。

（3）没有外气

没有外气的角

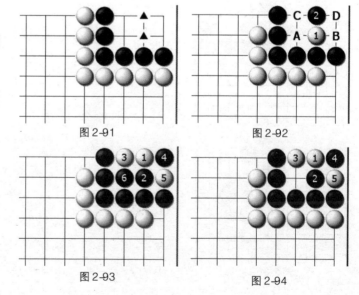

图 2-91　　　图 2-92

图 2-93　　　图 2-94

部板六是可以杀死的,图2-95,白1是此时杀黑的唯一要点(若下在2位,则成劫杀),白3后,因没有外气,黑不入A点,无法做出两只眼被杀。

5. 金柜角

金柜角是基本的死活棋形,如图2-96中的黑棋,问题是白方如何杀黑。由于双方在厮杀过程中,对应的下法有多种选择,要把所有的变化都弄清楚,应对无瑕,确是一件不易之事,马晓春九段说过,把金柜角搞清楚了,有职业七段的实力。这里我们列举部分变化供参考。

图2-97,白1二二路点,正着。黑2(B位亦可)位托佳,白3扳考验黑棋,黑4随手,至白7后白或A位度回或B位破眼,黑死。

图2-98,黑4好,至黑8抛劫成劫杀,此为正解之一。白7若于8位,则黑占7位成双活。

图2-99,本图至黑8成劫杀,也是正解。其中白7若改着8位,则黑占7位成双活。

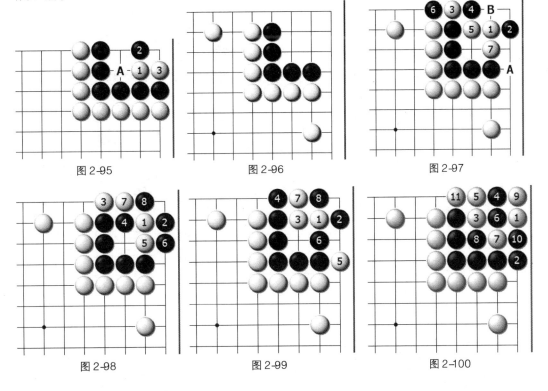

图2-95　　　　　图2-96　　　　　图2-97

图2-98　　　　　图2-99　　　　　图2-100

图2-100,白1是可怕的骗着,黑方应对不当即死。但应对正确则活。本图黑4点、黑6送吃,妙! 黑8切不可在11位吃,否则被眼杀(即"有眼杀无眼",见后文"对杀"一节)。黑10亦不可习惯性在6位扑,白11后黑于6位提白7一子,白1、9二子成接不归,黑活。

前面介绍的杀棋的两条思路——压缩做眼空间,点中棋形要害——的确具有普遍意义,但并不是全部! 请看下面两例。

六、杀棋案例欣赏

1. 老鼠偷油

如图2-101,是两位业余棋手的对局,黑1粘,对白右边的一大块白棋形成

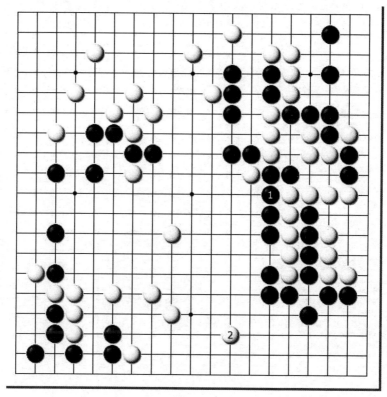

图2-101

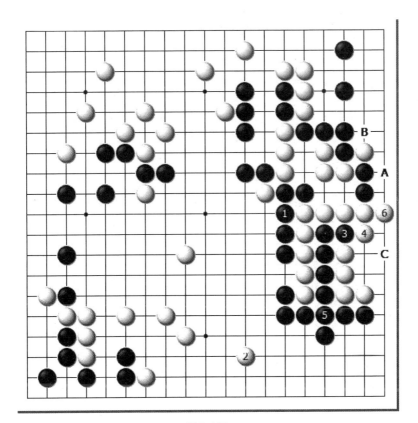

图 2-102

包围并藏有杀机,白方稍加思索,认为白棋有做眼好手,于是置之不顾而抢占价值极大的白2。接下来见图2-102。

图2-102,黑3冲是压缩白方做眼空间常用的手法,白4、黑5皆属必然,白6的确是一步好棋,它在保住做眼的空间的同时,还产生了A位吃住两枚黑子的手段。正是白方看到了这一手棋,才敢于脱先抢占白2的。他认为此时黑方只能下在B位保住黑二子,那么白可于C位做出两眼。可是,他漏算了黑方的下一手。

图2-103,黑7是精妙的一手。若白A位吃掉黑二子,黑B位断吃白下方四子,白方只有一只眼,死;若白方B位粘,则黑C位退回,此后D、E必得其一,白方依然只有一眼;若白占E点,黑也C位退回,此后D点救回二子与B点倒扑白4子必得其一,白棋也只有一只眼。

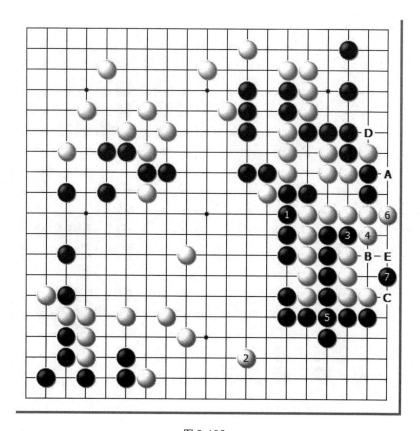

图 2-103

实战如图 2-104,白 1 黑 2 白 3 是双方正确应对,成为劫杀。然而由于黑方几乎是无忧劫(双方劫争时,若甲方劫败损失惨重而乙方劫败损失甚微,我们称此劫是乙方的无忧劫),可以说虽是劫杀却与净杀也差不了多少。

实际上上例图 2-103 中的黑 7 可是有"名"的一手,名称是"老鼠偷油"。图 2-105 就是其标准形,黑 1 使出老鼠偷油一招,白棋被杀。

2. 倒脱靴(脱骨)

图 2-106,被包围的黑棋只有一只眼,如果能吃掉里面的三只白子▲不就有了第二只眼吗!虽然旁边的三枚黑子也面临被白棋吃掉的可能,但双方各有 3 气,此时轮黑方下子,似乎下 A 或 B 紧气都可以

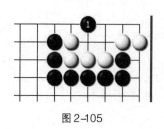

图 2-105

第二章 气：棋子生存之本 49

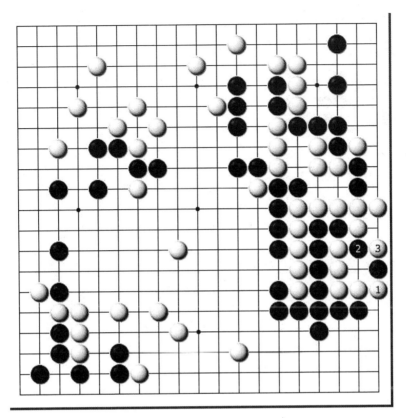

图 2-104

吃掉白三子（不能紧公气 C）。

　　图 2-107，黑 1 紧气，白三子无法避免被吃掉，想不到的是白 2 竟然多送一子，以下至黑 5 吃掉白四子必然。

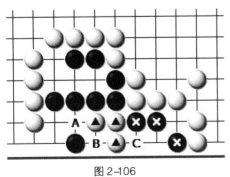

图 2-106

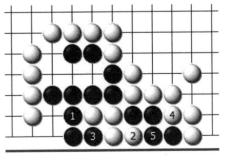

图 2-107

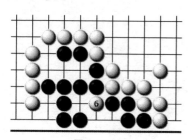

图 2-108

图 2-108，更想不到的是，居然在吃掉白四子后，白可以于6位吃回黑四子，黑棋做眼的设想落空了。本例白方的手段——先送吃再回吃——叫做"倒脱靴"或"脱骨"，是可以令人拍案叫绝的手段。

虽然我们学习了不少死活实例及各种手段，但实战中的死活棋形千变万化，人们至今没有也不可能找到一把解死活题的万能钥匙或普适公式，而很多时候一块棋的死活就决定了一盘棋的胜负。所以说，解死活题是提高棋力的重要课题，甚至是首要课题，也是棋手永恒的"作业"。

第四节 对 杀

什么是对杀？它与杀棋有什么不同？杀棋是单方面的，一是施杀方一是被杀方，即使杀不了，往往于施杀方无大碍。所谓对杀，是双方的棋都没有成活，只有杀死对方才有生路，也就是"你死我活"的争斗，对杀的结果常常决定一盘棋的胜负。所以双方会使出浑身解数，往往妙着迭出，极具观赏性。不言而喻，其规律和技巧也是我们应该了解和掌握的。

所谓对杀，往往起于黑白棋之间相互分断，从而形成需要相互比气、你死我活的局面。

面对此一局面形成的对杀，其核心就是紧气和长气。

在学习对杀规律和技巧前，有一些知识要补充，有一些知识要深化。

1. 基础知识

(1) 数气

一块棋有几气，会不会数，数得对不对是非常重要的。有人认为这是非常简单的一件事,其实不然。实战中遇到复杂的对杀,对局者常有数错了的。这里我们不作深入介绍,仅从原则上要大家掌握一块棋有几气应该如何定义。

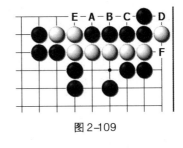

图 2-109

请问图 2-109 中,被围的五枚黑子有几气?有人认为是 4 气,即 A、B、C、D,但由于当白棋紧了 A、B 两气后,无法再紧 C 或 D(不入),只能先 E 再 C 再 D 或先 F 再 D 再 C,也就是说要吃掉这五枚黑子白方必须要花五手棋,因此这五枚黑子是 5 气。结论:一块棋至少得花几手棋吃掉它,它就有几气。

(2) 气的种类

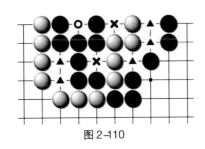

图 2-110

如图 2-110,被围的棋的气分内气、外气和公气三种:眼内的气(用○表示)叫"内气",与被围的对方的棋共有的气(用×表示)叫"公气",余下的是"外气";本图所示被围的黑棋有 2 口外气 2 口公气和 1 口内气,共 5 气;被围的白棋有 3 口外气,2 口公气,共 5 气。

在对杀过程中,也就是在紧气过程中,是要区分这几种气的(见下文)。

(3) 大眼的气数

显然三个点构成的大眼(如曲三),至少得花三手棋才能吃掉,所以是 3 气。那么"方四"这个大眼是几气呢?见图 2-111,当白下了 1、3、5 后,黑 6 吃掉白 1、3、5 是延气好手,成曲三,然后如图 2-112,至白 11,吃掉黑棋,一共花了 1、3、5、7、9、11 六手棋,但过程中黑棋也下了一手棋(黑 6),相抵后实际花了五手,所以方四是 5 气(凡四个点构成的大眼同)。

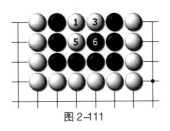

图 2-111

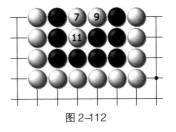

图 2-112

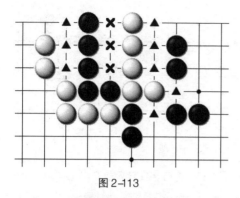

图 2-113

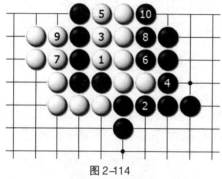

图 2-114

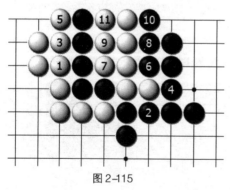

图 2-115

同样可证：五个点构成的大眼是8气，六个的大眼是12气。这是下棋者要熟记的。

掌握以上知识，会数气了，还不能说就会"对杀"了。

2. 紧气要领：先紧外气再紧公气！

见图 2-113，显然对杀双方黑棋有6气，白棋有8气，现在还轮白方下，按说白棋绝不会被黑方吃掉吧！请看双方实战过程：图 2-114，白方先紧公气，再紧外气，结果反被吃，如果先紧外气再紧公气，见图 2-115，结果白吃黑。

所以说，对杀时一定要紧完外气再紧公气！

很多爱好者在面临对杀时，往往不能判断对杀的结果，而是盲目去紧气，直到最后被对方吃掉时才恍然，并且还常常痛惜道："就差一气！"这样盲目行棋，是会下出或损目或损劫材的坏棋的。为什么不能及早地预见到结果呢？原因之一就是没有掌握对杀的规律。

3. 对杀的规律

下面我们分别就有无公气两大类来说明。

(1) 对杀双方没有公气时，长气杀短气。

图 2-116，五枚黑子与四枚白子都处于对方包围之中，显然都不是活棋，要想成活必须吃掉对方。由于被围的黑子有3气，而被围的白子有4气，故结果一定是白棋吃掉黑棋。

第二章 气:棋子生存之本

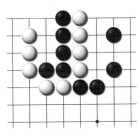

图2-116

图2-117,对杀双方黑棋有6气:4口外气,2口内气;白棋有7气:3口外气,4口内气(方四本有5气,由于里面已下了一枚黑子故少了1气),对杀结果白吃黑。

（2）对杀双方有且只有1口公气,有下面三种情况分别说明。

A. 双方无眼时,长气杀短气

图2-118,显然此种情况很简单,气长的白棋(4气)杀气短的黑棋(3气)。

B. 一方有眼一方无眼

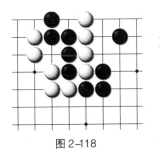

图2-118

又分三种情况:

a. 气数相等时有眼杀无眼

见图2-119,对杀的黑白双方,白方有眼,黑方无眼,都是2气,显见由于黑方不入A点,无法杀白,而白方可于B点叫吃,杀死黑棋。

b. 无眼方长1气时,谁先动手谁杀死对方

如图2-120,黑(无眼)方3气,白(有眼)方2气,此时黑方下可在A位叫吃,如白方下则紧黑棋外气,成上一种情况,杀黑。

c. 无眼方长两气时,杀有眼

此结论可由上一条推导得出。

C. 双方有眼

a. 双方的眼一样大

(a) 长气杀短气或双活。

如图2-121,此时只有气长一方可下在公气(A)上吃掉对方;若轮气短的黑方着子,则B

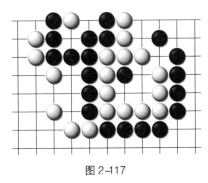

图2-117

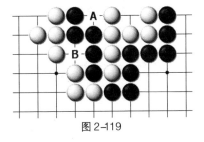

图2-119

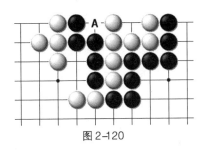

图2-120

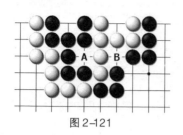

图2-121

位紧气成双活。

(b) 气数相等时双活。

b. 一方大眼（至少是四个点的大眼）一方小眼

（a）气数相等时，大眼杀小眼。

如图2-122，双方各是3气，结果是大眼的黑棋吃掉小眼的白棋（请自行演变验证）。

(b) 小眼方比大眼方长1气时，先下手为强。

如图2-123，白棋有4气但眼小，黑棋只有3气但眼大，先下一方吃掉对方（请自行演变验证）。

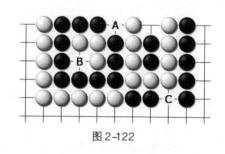

图2-122

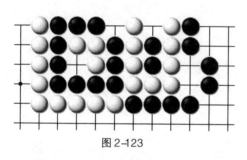

图2-123

（c）小眼方比大眼方长2气时，小眼杀大眼。

由上一条可推论得出。

（3）对杀双方有2口或2口以上公气时，分三种情况。

A. 双方都没有眼

气短方的气与气长方的外气差大于等于2，是双活。如图2-124，气短的白七子有3口外气和5口公气，而气长的黑六子的外气是6气，则(3+5)-6=2，故结果是双活。

气短方的气与气长方的外气差等于1，或是双活或长气杀短气。

B. 一方有眼一方无眼

有眼方的气与无眼方外气差等于0时，是先下手为强。如图2-125，有眼的白方1口外气，2口内气，3口公气；无眼黑方有6口外气，则(1+2+3)-6=0，结果是谁动手就可吃掉

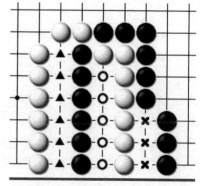

图2-124

对方。当然有眼方的气与无眼方外气差大于0时,有眼方杀无眼方;若有眼方的气与无眼方外气差小于0时,无眼方杀有眼方。

C. 双方有眼

a. 双方的眼一样大

气短方的气(外气+内气+公气)等于

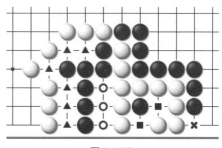

图2-125

气长方的外气与内气之和时,或为双活(短气方先下)或为长气杀短气(长气方先下)。例如图2-126,气短的黑方有6气,气长的白方外气与内气之和也是6气。若黑方先下是双活,白方先下吃黑。

b. 一方大眼(至少是四个点的大眼)一方小眼

小眼方的外气与内气之和小于大眼方的气时,大眼吃小眼。如图2-127,大眼方黑棋

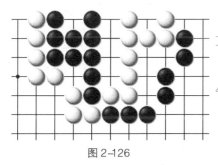

图2-126

8气(1外、4内、3公),小眼方白棋5外、2内为7气。

小眼方的外气与内气之和等于大眼方的气时,先下手为强。如图2-128,大眼方黑棋8气(1外、4内、3公),小眼方白棋6外、2内为8气。

小眼方的外气与内气之和大于大眼方的气时,小眼吃大眼。如图2-129,大眼方黑棋7气(0外、4

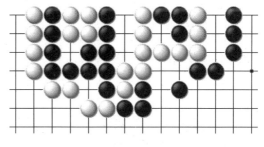

图2-127

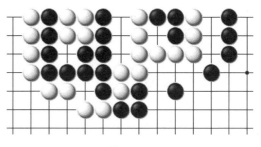

图2-128

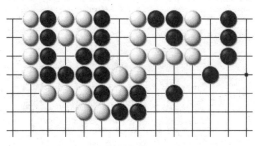

图 2-129

内、3公)，小眼方白棋6外、2内为8气。

综上所述，似乎对杀的规律非常繁杂，其实棋下多了，这些结论是不难记住的。

不过，不要以为记住了这些规律，就学会了、学好了对杀。对杀是有技巧的。下面举例介绍对杀的基本技巧。

4. 对杀的技巧

(1) 紧气的技巧

如图2-130，黑先，三枚三面被围的黑子(△)，不能从右边突围，如能设法吃掉左侧三枚白子(×)，就

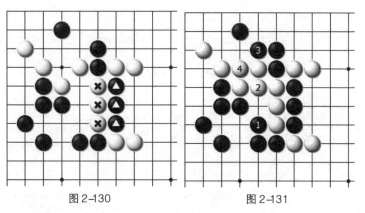

图 2-130　　　　图 2-131

能脱险。从表面看，双方都是3气，似乎黑方先动手即可吃掉白三子，但问题是白三子与角部的四枚白子似断实连，如果没有一点手段，只是贫庸的紧气，如图2-131，经过黑1白2黑3白4两个来回，白棋的气反而变成4气了，黑方失败。

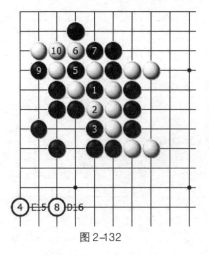

图 2-132

正确的方法见图2-132，黑1"扑"，紧气的特技，白2提别无他法，黑3"打"紧凑，白4粘只此一手，黑5再"扑"，白6下在7位明显不行，只能提，黑7、9连打，不容白方喘息，至此，白方的棋子已经连为一体，整体还是3气。接下来，看下图。

图2-133，黑11是此时紧气的要点，舍此不行，要紧！白12顽抗(若改在14位，则黑占12位最佳)，黑13至白16必然。至此白方

窃喜,以为白棋有4气,但黑方有17位一路"点"的紧气妙手,白棋短一气被吃。

此例黑方使出的"扑""滚打""一路点"等一连串紧气技巧,值得细细品味。这些手段使用极广,应该熟练掌握。

(2)长气的技巧

图 2-134,角上两枚黑子无法做活,与左边五枚白子对杀,直接紧气,气又不够(4气对5气),此时要换一个思路,把"紧对方的气"换成"长自己的气",也就是把自己的气变长。见下图。

图 2-135,黑下1位后,使黑子的气由4气变成6气,从而吃掉5气的白子。

图 2-136,有▲标记的两部分棋子对杀,黑子3气,白子只有2气,虽轮白方下子,似乎也无济于事。有没有回天之力呢?

图 2-137,白1断,使得黑棋不能下在A位(否则会被白棋B位吃掉),黑方必须先下C位D位吃掉白1一子,然后才能在A位叫吃,要花4手棋才能吃掉被

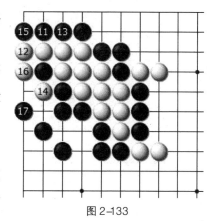

图 2-133

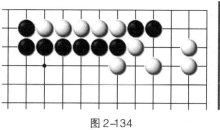

图 2-134

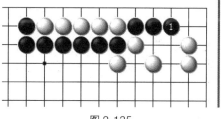

图 2-135

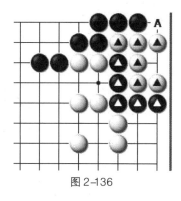

图 2-136

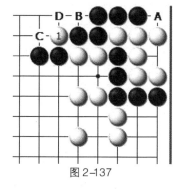

图 2-137

围白子,也就是说,由于白1的断,使得白六子由2气变长为4气,从而吃掉3气的五枚黑子。通常把白1的功效称为"借气",

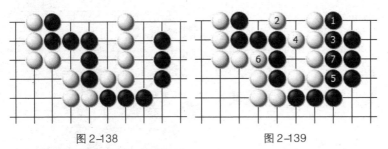

图 2-138　　　　　图 2-139

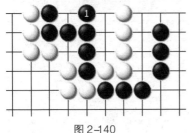

图 2-140

实质上就是长气。

请思考：白1断借了几气？有人说原来有2气，断后有4气，所以借了2气。对吗？

图2-138，黑六子与白五子对杀，黑子5气，白子7气，轮黑下子，先看看直接紧气吧。

图2-139，黑1直接紧气，至黑7，形成双活。即黑方后手双活。再看下图。

图2-140，黑不动声色，先做出一眼。这样就形成是有眼与无眼对杀的有利局面，根据前述，结果是有眼杀无眼，黑吃白。

做出一只眼或做一只比对方大的眼，使自己处于有利的地位，是常用的方法，此法的实质还

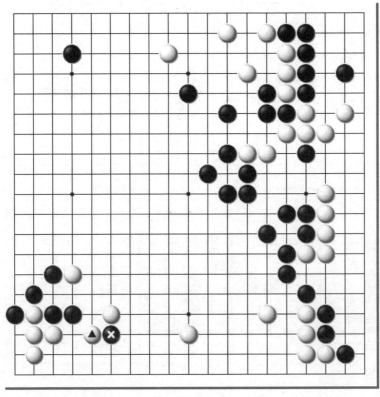

图 2-141

是长气。

下面看看实战中的对杀。

图2-141,取材两位业余棋手的对局。左下角白▲一子把黑×一子强行断下,极大。黑棋忍无可忍,选择最顽强的抵抗。见下图。

图2-142,黑1冲,黑3打,黑5叫吃都是命令型,白2、4、6别无选择。黑7"虎"避免黑3一子被吃,白8打是要包围黑3、5、7数子,这样白角部数子已成死形,要想活命,只能与两侧的黑棋对杀。

形势分析:角部白棋有4气,黑方黑3等5子也是4气,虽然轮白方下,但由于此时无法下在A位紧气(由于自身断点多,有被吃之虞),马上动手对杀不成立。再看下图实战进行。

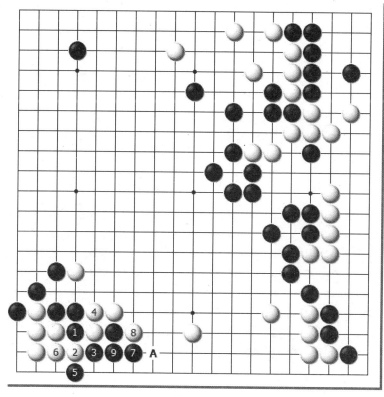

图2-142

图2-143,白10、12转而对另一侧的黑子发动佯攻,黑11、13必然,白14紧气好手,黑15先打再17位粘精细,白18断被黑19叫吃,似乎没有意义,其实这一断是这场厮杀取胜的关键之着。至此,好像对这部分黑子的进攻也没有取得战果,实际上已为下一个战斗做好了准备。白20回头来对黑3这一队发起了进攻。

图2-144,紧接前图,黑1是紧气好点,白2亦是必须抢占的要塞,黑3白4后,黑棋无法直接紧A点的气——不入,必须在B位提掉白18一子,还要在C位连接,才能再在A位紧气,最后在D位吃白棋(黑方也无法先下在D点——不入,当黑先下E,作好下D点的准备时,白下在F点,黑还是不入D点),也就是说白子此时有4气,而右侧的黑子只有3气,结果是白棋吃掉右侧的5枚黑子。

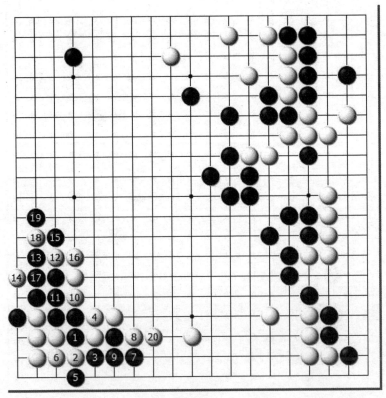

图2-143

第二章　气：棋子生存之本　61

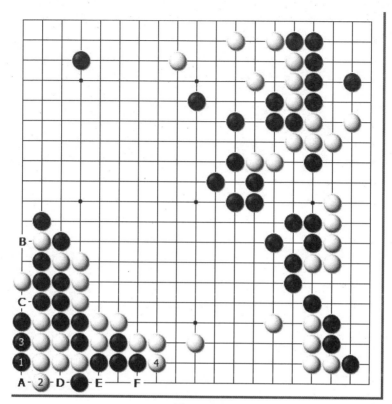

图2-144

此例白方对杀成功，依赖白14、18的手段，它们的作用是使得A点不入，其实还是长气——延长了角部白子的气——的手段。

需要说明的是，此例白方的下法不一定是最佳的（如白10与黑11的交换，应暂时保留），但对初学者容易理解，便于接受。

 拓展阅读

《围棋死活大全》，赵治勋著，蜀蓉棋艺出版社，1988年。

《围棋》，杜君果、杜维新编著，成都时代出版社，2006年。

《围棋小辞典》，丁开明、杜维新编，成都时代出版社，2008年。

第三章

地：围地的艺术

围棋的"围"字，不仅是围歼敌子，更有围占地盘之意。还可以这样说，围歼敌子只是一种手段，而围占地盘才是目的。因为最终决定胜负的不是围歼敌子的数量，而是围地的多少。从另一个角度讲，围歼敌子是保卫地盘的基本手段，如果没有充分的手段歼灭来犯之敌，围地就难以实现。

本章从"地盘和目"的基本概念入手，分围地的常识、常见布局、官子三个方面阐述围棋围地的艺术。

第一节　地盘和目

地盘,就是黑、白某一方围起来的若干个交叉点,也称空。争夺地盘,是围棋最基本的出发点。

目,就是地盘内的交叉点,每个交叉点为1目。地盘内交叉点之和,即为目数。

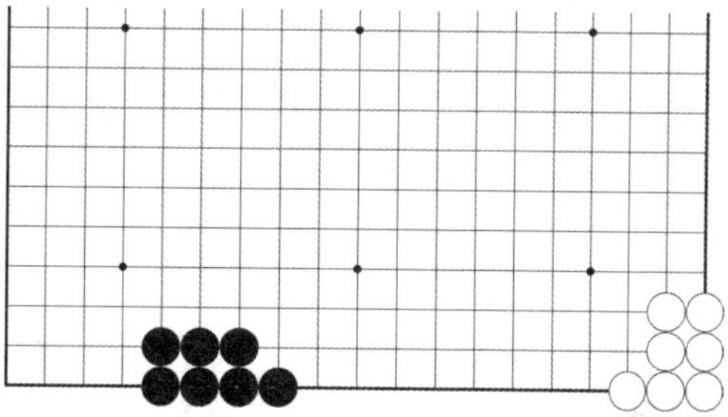

图3-1

图3-1,黑棋和白棋各下了7个子,双方都没有围到地盘。这在围棋术语里面称作"单官",是没有意义的事情。

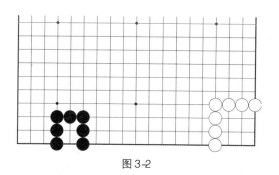

图3-2

图3-2,左侧黑棋围到2目的地盘,右侧白棋围到9目的地盘。

另外,在对局时常常有提子的情况出现,这如何计算目数呢?

提掉对方一子,对方棋子所占领的交叉点就少了一个,而我方还多占一个交叉点。也就是说,对方一个死子算1目,我方多占一个交叉点算1目,两者相加,对方一个死子等于我方增加了2目。通俗地讲,就是"一子2目"。

图3-3,黑棋吃住白五子,算5目。另外,黑棋还占据包括×位在内的8个交叉点(3+5)。因此,这里黑

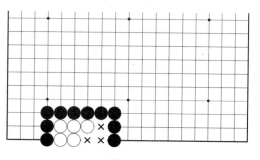

图3-3

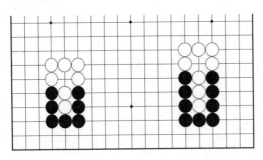

图 3-4

棋的地盘有 13 目。

图 3-4，左侧与右侧分别是"打二还一"和"打三还一"的棋形。假定最终白棋粘劫，黑棋目数各自是多少？

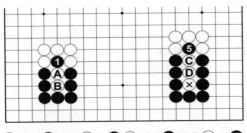

②at A,③at B,④at ❶,⑥at C,⑦at D,⑧at ❺.

图 3-5

图 3-5，左侧"打二还一"之形，黑吃掉白二子，白吃掉黑一子，黑棋没有占据交叉点，2-1，黑有 1 目。右侧"打三还一"之形，黑吃掉白三子，白吃掉黑一子，至 8，黑棋占据×位一个交叉点，3-1+1，黑有 3 目。

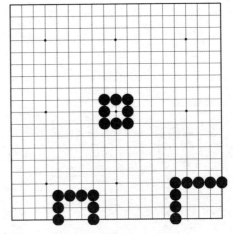

图 3-6

第二节　围地的常识

一、金角银边草肚皮

"金角银边草肚皮"是围棋有名的格言，意思是在围棋的序盘阶段，应先占角，后占边，最后围中央。这是对围棋边、角、中央围地效率的形象比喻。

图 3-6，我们试着用 8 个黑子来围下地盘吧！在中央，黑棋围到 1 目空；在下边，黑棋围到 4 目空；在右下角，黑棋围到 12 目空。

同样是 8 个子，为什么围地效率的差别如此之大呢？

原来，在角上围地，利用了两条边线屏障；在边上围地，仅利用了一条边线屏障；在中央围地，什么都没利用到。这就是原因所在。

图3-7，这是一个简单的布局。黑1至白4先占空角，然后黑5至白8分别占边，最后黑9占中央。

二、高低配合得空多

在序盘阶段，下在几路线围地比较理想呢？我们还是用8个黑子在棋盘上进行试验。

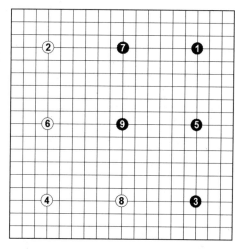

图3-7

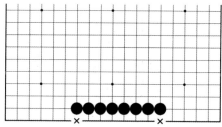

图3-8

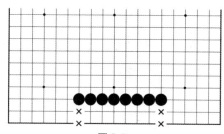

图3-9

图3-8，二路线围地，白棋不能从一路线侵入，黑棋围住×位以内的6目空。

图3-9，三路线围地，白棋不能从二路线侵入，黑棋围住×位以内的12目空。

图3-10，四路线左右两侧开口较大，能围多少空难说。

可以看出，二路线围地很少；三路线围地比二路线多出一倍；四路线位置较高，看似围地很多，但左右两侧开口较

大，内部空虚。以此类推，五、六路线围地更加空虚，就不是围地了。

图3-11，把图3-9和图3-10的长处结合起来，中间棋子居于四路线，左

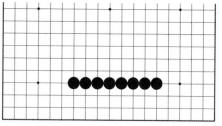

图3-10

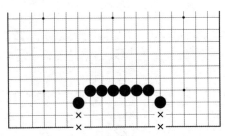

图 3-11

右两侧棋子居于三路线把守大门,这样围地有18目,目数又优于图3-9。

可见,图3-11是正确的围地方法:把棋子下在三、四路线,形成高低配合,这样围地既高效又牢固。

三、棋子之间留距离

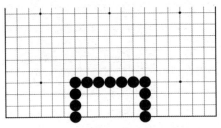

图 3-12

下面我们继续在棋盘上做试验——怎样用较少的棋子围出15目的地盘。

图3-12,原始图,用13个黑子。

图3-13,改进图1,省掉了×位的4个黑子。

图3-14,改进图2,比图13省掉了×

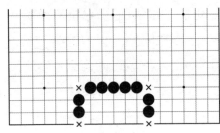

图 3-13

位的4个黑子。

图3-15,改进图3,比图14省掉了×位的2个黑子。

图3-15用3个黑子就围成了15目地盘,这个围地效率可谓惊人。所以我们围地时应像图3-15这样棋子之间拉开距离,而不是一个个连在一起。

图3-16,这是职业棋手的布局,请体会一下"棋子之间留距离"的棋理。

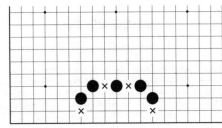

图 3-14

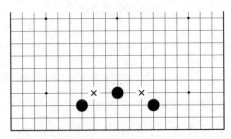

图 3-15

四、不疏不密有分寸

棋子之间拉开多大的距离围地才合适呢？宋代著名的围棋著作《棋经十三篇》曾有论述："阔不可太疏，密不可太促。"意思是棋子之间应该拉开距离，但不能太稀疏，否则被对方打入，就围不到地盘；也不能过于严密，这样棋形局促，缺乏效率。也就是说，用棋子围地要"不疏不密有分寸"。

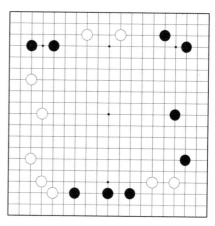

图 3-16

下面展示几种常见的棋形。

图 3-17，无忧角。由于在角上容易做活，棋子之间的距离要紧密一些，拉开一条线的距离。

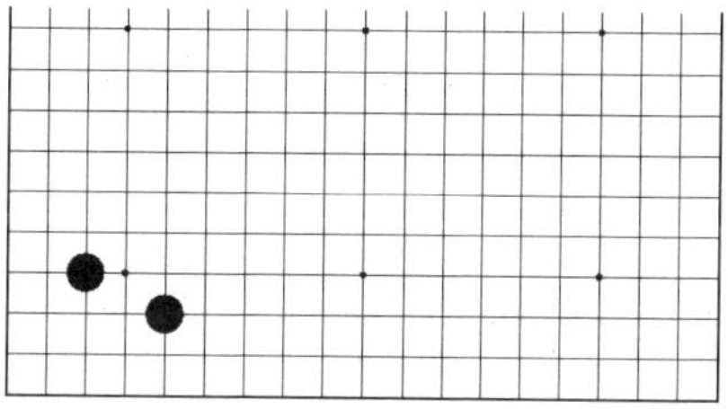

图 3-18，拆二。在边上做活要比角部困难一些，所以拉开两条线的距离比较合适。

图 3-19，立二拆三。左侧竖立的黑两子犹如一堵墙，构成了一股势力，所以右侧黑一子可以拉开三条线的距离。

图 3-20，立三拆四。本图左侧竖立的黑三子势力更甚于上图黑两子，构成了一股强势，所以右侧黑一子可以拉开四条线的距离。

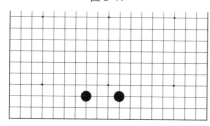

图 3-17

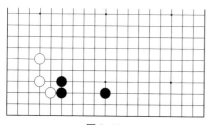

图 3-18

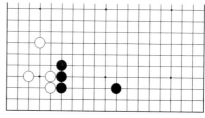

图 3-19

图 3-20

综合以上各图,可以看出:在角上,棋子之间的距离要紧密一些;在边上,则需根据自身势力的情况拉开适宜的距离。

至此,围地的常识告一段落。归纳起来,就是四句话:

金角银边草肚皮,

高低配合得空多,

棋子之间留距离,

不疏不密有分寸。

第三节 围地的战略——常见布局

布局,是序盘阶段双方布阵的下法,构成了一盘棋的骨骼。从围地角度讲,布局可以说是围地的战略。职业棋手往往根据自身棋艺的特点设计或选择某种布局,以使棋局进入自己擅长的轨道,这样更易于把握局面,从而赢得比赛的胜利。

以下介绍几种常见的布局。

1. 秀策流布局

图3-21,黑1、3、5分占三个小目,被称为秀策流或一、三、五布局,由日本19世纪天才棋手桑原秀策创始,故此得名。黑7小尖,瞄着上边A位飞压和右边B位拆逼,是秀策流具有代表性的一手。

现代围棋布局体系是以秀策流布局为基础和起点,逐步形成和完善起来的。

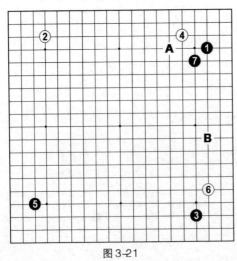

图3-21

秀策流布局的特点是取地、坚实、稳步推进,短处是速度较慢,适用于棋风坚实、偏爱实地的棋手。

2. 三连星布局

图 3-22,黑 1、3、5 在一边占领三个星位,被称为三连星布局。日本棋手武宫正树九段非常擅长使用这个布局,并以此为发端,发展成为"宇宙流",在 20 世纪八九十年代风靡一时,受到万千棋迷的追捧。

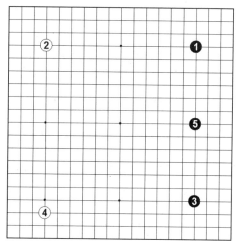

图 3-22

星的特点是一手即可占领一个空角,并能迅速地向边上发展。因此,三连星布局的特点是速度快,并能迅速地在一边构成大模样。另外,由于黑棋三个子都处于四线,显然这是以势力为中心、并强调向中央发展的格局。

三连星布局的短处是下三路虚弱,易遭到对方的侵入。

这个布局侧重于围大模样,适用于气势宏大、爱围大空的棋手。

3. 中国流布局

图 3-23,黑 1 占星位,黑 3 占小目,黑 5 连片,这种配置被称为中国流布局。这个布局是在 20 世纪 60 年代的中日交流赛中,由陈祖德等中国棋手共同研究下出来的,至今经久不衰,为众多职业棋手所青睐。

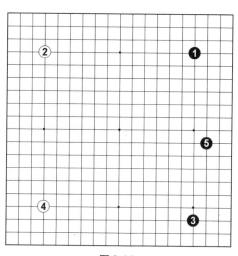

图 3-23

这个布局的亮点在于黑 5 这手棋,打破了以往先守角、再拆边的传统观念,使围棋理论迈上了新的台阶。

中国流布局的特点是实地与速度兼具,短处是阵形较为薄弱,适用于棋风灵活多变的棋手。

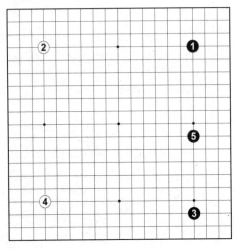

图 3-24

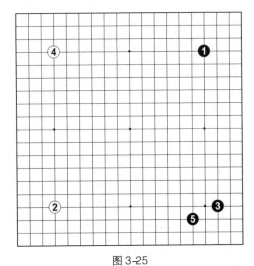

图 3-25

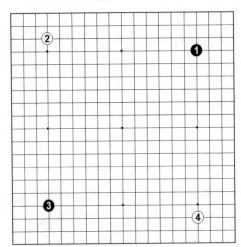

图 3-26

图 3-24,日本已故著名棋手藤泽秀行九段在比赛时,将上图黑 5 抬高一路,即成本图,被称为高中国流布局。

高中国流布局与中国流布局的特征和构思基本相同。略有区别的是,高中国流布局更重视势力和向中央的发展,但对右下地域的防守能力不如中国流布局。

4. 星小目平行型布局

图 3-25,在开局的前四手中,双方各占同一条边的两个空角,此为平行型布局。如图,黑 1、3 以星小目起手,白 4 占空角,黑 5 守角,这就是星小目平行型布局。

这个布局的特点是双方各踞一边,容易形成互围模样的格局,短处是形成细棋的机率高,适用于棋风稳健、功底深厚的棋手。

5. 对角星布局

图 3-26,黑 1、3 起手占对角星位,被称为对角星布局。对角星布局源于我

国古代的围棋布局。古代规定,每方各在对角的星位放置两子,然后才开始对局;角上四个星位的子被称为座子。

这个布局由于双方的子力各占对角,形成交叉的状态,因此容易引起激战,短处是局面不易把握,适用于力战型棋手。

从对以上各种常见布局的分析可以看出,每种布局都有优劣长短,没有绝对好的布局,这就要求我们在对局时应像职业棋手那样,根据自身的特点进行设计或选择布局,以扬长避短、提高胜率。

第四节　围地的价值——官子初步

官子,又称收官,是围棋对局接近尾声时双方确定各自边界的下法。明末著名国手过百龄曾著书《官子谱》,对收官问题进行了全面透彻的论述,"官子"之名由此而来。

职业棋手挂在嘴边经常讲这手棋多少目,那手棋多少目,这实际上是以目数量化围地的价值,围棋行话叫作着手价值。

着手价值在收官时体现得尤为明显,可以说每一个官子的价值都可以通过数学计算,算出其精确的目数,这对指导行棋具有重要的意义。

官子问题涉及厚薄、大小、手数、先后手、后续手段等诸多因素,需要我们周详地考虑。俗话说"千里之堤,毁于蚁穴",虽然官子双方争来争去就那几目棋,只是小小的边界事件,但绝不能掉以轻心,职业棋手以微弱差距败北的例子屡见不鲜。从业余爱好者角度讲,提高官子技术是改造行棋观念、乃至提升整个围棋水平的一条捷径。

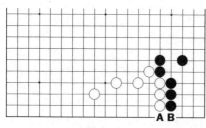

图 3-27

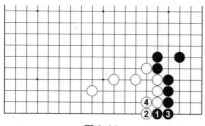

图 3-28

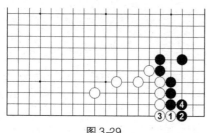

图 3-29

一、官子的种类

按照先后手,官子分为三种:双先官子、双后官子、单先官子(又称逆收官子)。

1. 双先官子

指无论哪一方下都是先手的官子,是官子种类中价值最高的一种。

图 3-27,双方下边边界尚未最终确定,假定白 A、黑 B 为双方临时分界。

图 3-28,黑 1 扳是先手,白 2 要挡住,否则黑棋冲进白空。至 4,黑棋先手得利。

图 3-29,白 1 扳也是先手,黑 2 要挡住,否则白棋冲进黑角。至 4,白棋先手得利。

下边的官子,无论哪一方下都是先手,因此这是双先官子。

2. 双后官子

无论哪一方下都是后手的官子,叫作双后官子,是三类官子中价值最低的一种。

图 3-30,双方下边边界尚未最终确定,假定白 A、黑 B 为双方临时分界。

图 3-31,黑 1 扳,白 2 打,黑 3 接落了后手。

图 3-32,白 1 扳,黑 2 打,白 3 接落了后手。

下边的官子,无论哪一方下都是后手,因此这是双后官子。

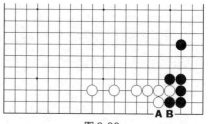

图 3-30

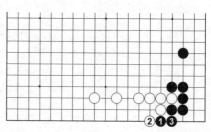

图 3-31

3. 单先官子（又称逆收官子）

一方下是先手官子，而另一方下则是后手官子时，对前者来说是单先官子，对后者来说就是逆收官子。

图3-33，双方下边边界尚未最终确定，假定黑A、白B为双方临时分界。

图3-34，白1扳是先手，黑2要挡住，至4，白棋先手得利。

图3-35，黑1、3扳粘，虽然落了后手，但剥夺了上图白棋的先手利，即是逆收官子。

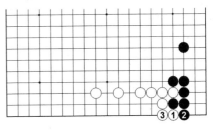

图3-32

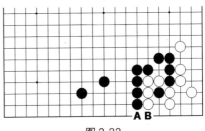

图3-33

无论是单先官子还是逆收官子，只有先后手的差别，目数都是一样的。

不考虑棋局的发展，过早地将先手全部下完，就会失去"味道"。为了保留劫材和余味，往往不愿将先手占尽，这时就会产生逆收官子。

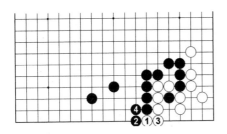

图3-34

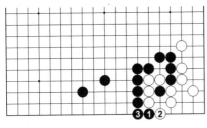

图3-35

二、官子的计算方法

1. 出入计算法

是指对于同一个官子，设想双方先走的局面，然后比较各自空的出入，双方目数出入之和就是这个官子的价值。

出入计算法是常用的官子计算方法，主要用于简单的官子价值计算。

回到前面的例子，我们用出入计算法计算一下它们官子的价值。

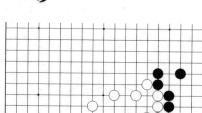

图 3-36

图3-36,黑先走,先手增加×位处2目。

图3-37,白先走,先手增加×位处2目。

图3-38,双方目数出入之和为:2目+2目=4目。因此,此图官子价值为双先4目。

图3-39,黑先走,后手增加×位处1目。

图3-40,白先走,后手增加×位处1目。

图3-41,双方目数出入之和为:1目+1目=2目。因此,此图官子价值为双后2目。

图3-42,黑先走,后手增加×位处2目。

图3-43,白先走,先手增加×位处2目。

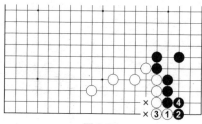

图 3-37

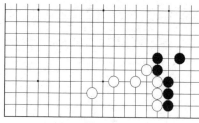

图 3-38

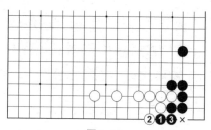

图 3-39

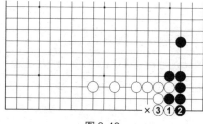

图 3-40

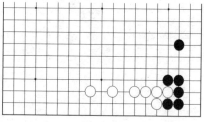

图 3-41

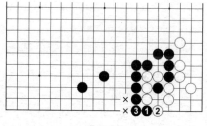

图 3-42

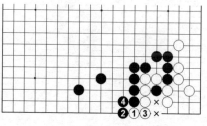

图 3-43

图3-44,双方目数出入之和为:2目+2目=4目。因此,此图官子价值为单先(或逆收)4目。需要注意的是,因为图3-42黑棋比白棋多花一手棋,所以这类官子的价值要比同样目数的双后官子更大一些。对于初学者而言,将它按双后官子目数的两倍来计算大致是可行的。也就是说,此图官子价值可粗略算作后手8目。

2. 平均计算法

用于计算一手棋的价值,计算公式为:双方目数出入之和÷手数=一手棋的价值。这种计算方法对于打劫之类较为复杂的官子,可以得出精确的价值。

图3-45,双方为争夺1目棋而展开劫争。这个官子的价值是多少?

图3-46,黑1花一手棋粘劫解决纷争。

图3-47,白1提子,白3粘劫,白棋花两手棋解决纷争。

也就是说,双方共花费三手棋争夺1目,按平均计算法的公式计算,这里一手棋的价值为:1目÷3手=1/3目。

与出入计算法进行比较,出入计算法计算得出的是两手棋的价值。因此,按出入计算法计算,这里的官子价值为:1/3目×2=2/3目。

出入计算法与平均计算法各有利弊,如能将两种方法灵活运用,将对提高官子水平有很大的帮助。

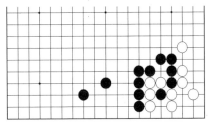
图3-44

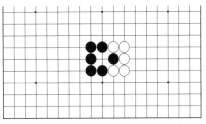
图3-45

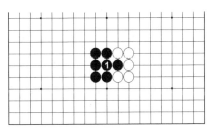
图3-46

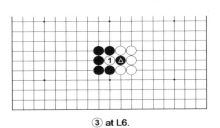
③ at L6.
图3-47

3. 折半计算法

用于官子后手第二利益的计算。

有些官子走后,除了本身所得之外,还有后续手段可以进一步获得利益,这叫官子的第二利益。如果双方获得第二利益的机会均等,都是后手,这个权利应视为双方各占一半,故官子后手第二利益采取折半计算法。

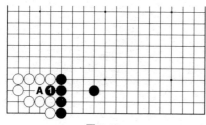

图 3-48

图 3-48,黑 1 冲破白 1 目后,A 位再冲还可再破白 1 目,这个 A 位即是官子的后手第二利益。由于双方占 A 位的机会均等,这个 1 目的权利应视为双方各占一半,也就是 1/2 目。因此,黑 1 冲的官子价值为:1 目+1/2 目=1 又 1/2 目。

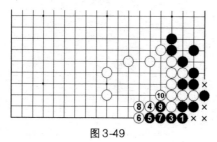

图 3-49

图 3-49,这是官子先手第二利益的例子。黑 1 立,白 2 脱先,黑棋后手成空×位 4 目。黑 3 以下冲进白空,与白 3 位挡进行比较,黑破了白 7 目空。由于黑 3 至 9 均为先手,没有额外花费手数,这 7 目棋应直接算在黑 1 的账上,不必折半计算。因此,黑 1 立的官子价值为 4 目+7 目=11 目。请务必注意与官子的后手第二利益区分开来。

三、官子的次序

在收官阶段时,其次序相当重要。如果不能正确地掌握官子的次序,即使能准确地算出大小,也是枉然。

官子的次序一般分为两类:即同类型官子次序和不同类型官子次序。

1. 同类型官子次序

按官子价值,从大至小依次收取。

图 3-50,本图共有 A、B、C、D、E、F、G、H 八个官子,如黑棋先下,应该怎样

第三章 地：围地的艺术

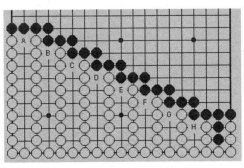

图 3-50

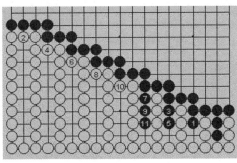

图 3-51

收官才是正确的次序呢？

图 3-51，黑 1 先从小的地方冲，白 2 挡在大的地方，以下至黑 11 冲止，白棋共得 30 目。

图 3-52，黑 1 先从大的地方冲，白 2 挡，以下至黑 15 冲止，白棋共得 28 目。

初看黑棋每冲一步都可破白 1

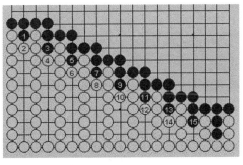

图 3-52

目，冲在哪里都一样，其实不然，因为有的仅有第一、二利益，而有的却还有第三、第四……利益，因此应从大到小收官，才是正确的次序。

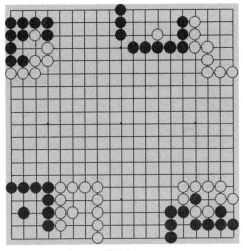

图 3-53

2. 不同类型的官子次序

一般是：先占双先官子，其次是单先官子（逆收官子），最后才是双后官子。

图 3-53，白先，如何收官？

首先要确定它们的官子类型。左上角是双后 3 目，右上角是双先 4 目，左下角是单先（逆收）3 目，右下角是双后 6 目。

图 3-54，白 1、3 是双先 4 目，当然

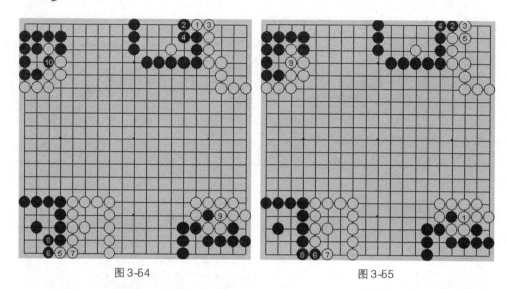

图 3-54　　　　　　　　图 3-55

是必争的；然后5、7单先3目，再占白9提的后手6目，共得13目。黑10提只得后手3目。这是正确的收官次序。

假如死板地按目数大小去收官呢？

图3-55，白1提是后手6目，黑2、4是先手4目，再6、8是逆收3目，白9粘是后手3目，与上图相比，白少得4目，白棋收官失败。

图3-56，也是白先，应如何收官呢？

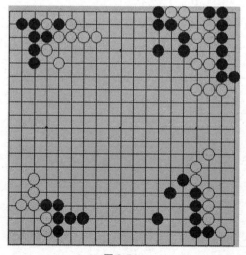

图 3-56

左上角是双后6目，右上角是双后7目，左下角是逆收5目，右下角是逆收4目。那么，问题已十分清楚。

图3-57，白1、3逆收5目，是目前最大的官子。黑4先手扳得4目之后，再6扑得7目。白7提6目。实际双方各得11目。

假如，图3-58，白1粘后手7目，占据目前盘上数字最大的官子。黑2、4、6先手5目，再8扳先手4目，最后

第三章 地：围地的艺术

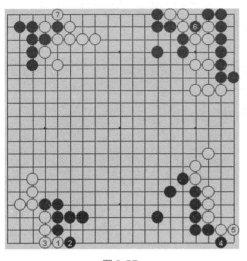

图 3-57

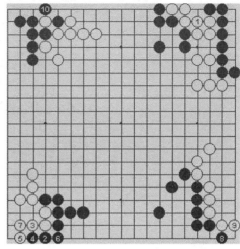

图 3-58

10提后手6目。这样，黑棋共得15目，而白棋仅得7目。白棋如此收官，焉有不败之理。

以上例子足以说明不同类型的官子次序：

1. 双先官子，势在必争；
2. 单先官子（逆收），时机把握要准确；
3. 双后官子，从大至小，依次收取。

拓展阅读

《围棋布局辞典》（上、下），依田纪基著，黄希文、赵福田译，辽宁科学技术出版社，2011年。

《围棋官子大全》，丁开明编著，四川科学技术出版社，2006年。

第四章

形：围棋的美学

　　围棋是一项综合的技术与艺术高度结合的智力游戏,涉及哲学、逻辑、军事、美学等各个方面。对弈既是激烈的战斗,同时又往往符合美学法则,因而围棋既是竞技,又是艺术。

第四章　形：围棋的美学

第一节　好形与坏形

围棋作为一种竞技,一种战争游戏,当然它首先追求的是胜负。但它作为一门艺术,又常常是符合美的规律的。在棋局的进行过程中,黑白棋子都在按照棋固有的规律,在自然的流程中行进着。每走一步,棋手都面临一个怎样才能走出好形,同时破坏对方的棋型的问题。说到"形",被称为"美学大师"的日本棋手大竹英雄说:

> 能力强的人下的棋,棋型上没有什么废招;而能力弱的人下的棋,有很多的废招。这一点明显地显示在棋盘上。对没有废招的棋型,人们才有美感。
>
> 没有废招的棋型,功能多的棋型是漂亮的。
>
> 人们经常说:"美不在外表,而在于内心世界。"不仅人,就是围棋也一样。真正的美,是从棋型当中迸发出来的。[①]

我们做体操、跳舞、打球,都要求动作协调一致,姿势优美。下围棋也是这样,子与子之间的间隔距离配合也要协调一致,讲究棋形。

那么究竟什么是好形,什么是坏形呢?

凡是子与子配合严谨、协调一致、子力发挥充分、气态舒展的棋形就叫好形,反之就是坏形。大竹英雄列举了六种不"美"的型:笨拙的尖、愚形三角、团形子、分裂形、后推车、二子头被扳。

一、坏形

1. 愚形(凝形)

图4-1,黑子团在一起叫"愚形"。

[①] 转引自胡廷楣:《境界——关于围棋文化的思考》,上海人民出版社,1999年,第109页。

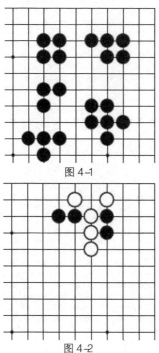

图 4-1

黑子团在一起，子效不能充分发挥作用，团在一起的子越多越坏。常见愚形有"弯三角""丁四""方四""刀把五""葡萄六"等。

2. 裂形

图 4-2，黑子被白子穿成两半，都无法发挥作用，这样的形叫"裂形"。

3. 重复

图 4-3，黑棋子力过于凝聚，如果去掉黑△两子则成为"立二拆三"的好形，现在就有些"重复"了。

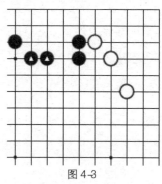

图 4-2

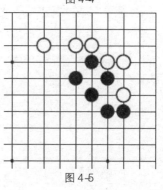

图 4-3

4. 薄形

图 4-4，白 A 位跨的弱点很明显，黑棋子与子之间配合不理想，很薄弱，因此叫"薄形"。薄形容易成为对方的进攻目标。

图 4-4

二、好形

好形有以下几种

1. 厚形

图 4-5，黑右上六个子很坚实，白棋不敢靠近，这样子力发挥得很充分，而且非常坚实的棋形就叫厚形。

图 4-5

第四章 形：围棋的美学

2. 协调形

图4-6，上边黑五个子围了一大块地盘，子力发挥的也很充分，以三线四线的三个子为主体，二线和五线的两个子起到了巩固和扩大地盘的作用。

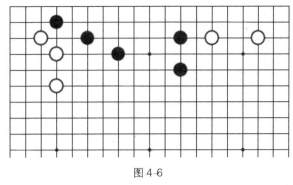

图4-6

3. 严紧形

图4-7，右上角和下边的白棋都很坚实，但夹在中间的黑棋结构非常严紧，使白棋无懈可击。

4. 轻灵形

图4-8，三个黑子虽然很单薄，但白棋也不能断，一时也没有强攻黑棋的手段，黑棋棋形轻灵。

三、愚形好手

有了一定水平的棋手就会随时注意棋形的好坏。棋形好效率就高，棋形恶则代表着棋子效率低下。

但有的时候在特定场合也会有"愚形好手"。

图4-9，是小目定式中的一型，黑1是"弯三角"的愚形，

图4-7　　　　图4-8

图4-9　　　　图4-10

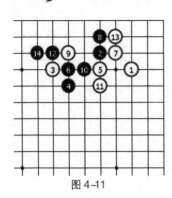

图4-11

但却产生AB两个好点,黑渡过危机。黑1"弯三角"就是愚形好手。

图4-10,如果黑不走"弯三角",黑1直接断,白2打吃再白4顶住,至白8白棋明显占优。

如图4-11是定式次序。

日本围棋史上有一著名的"吐血名局"。不仅因为丈和在本局中走出了"古今无类之三大妙手",也因为年轻的赤星因彻输掉本局后竟吐血而亡,上演了一场围棋史上极为惨烈的悲剧。

图4-12,为日本天保六年(1835年)赤星因彻(黑)与本因坊丈和名人的对局,白80手被称为本局第三大妙手的愚形冲是好手,黑如果A位粘,白B黑C白D断黑将无法收拾。这手一出一举锁定胜局。

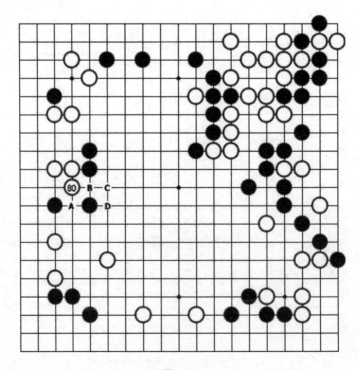

图4-12

第二节 基本定式

要想下好围棋,学习和掌握一些基本定式是必要的。而所谓定式,就是双方在布局阶段角部接触中,利益大致均等,双方可行的定型。定式中的"形",往往建立在双方比较合理的下法的基础上。因而,对定式的学习、掌握,不一定死记硬背,而更需要领悟其中的棋形、棋理,知其然也知其所以然。

一、星位

星位定式在围棋中最为古老,衍生出许多变化。最基本的有以下几种。

图4-13,对于星位来说白1"小飞挂角"通常是最好的挂角方法,黑2是坚实的防守是棋形,白3黑4后,白5拆二是形,不能省略。

这就是常说的"一拆二"。

黑2如A小飞稳健地防守,经白3黑4白5后,黑6的拆边直接脱先。

图4-14(追击),如果上图白拆二省略不走,黑1紧逼至黑5,黑两边获利,白棋依然没有安定。

图4-15(一间夹),黑2一间夹白3点三3转换简明。

至11告一段

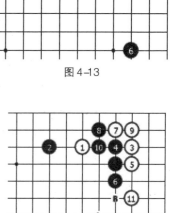

图4-13

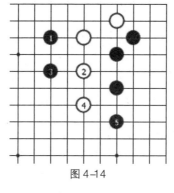

图4-14 图4-15

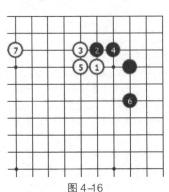

图 4-16

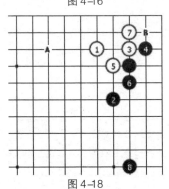

图 4-18

落,以后黑 A 或白 B 是势力消长点。

二、小目

图 4-16(托退定式),白 1 高挂,黑 2、4 托退,白粘时黑 6 一间跳是正着。

白 7 "立二拆三"是防守的正形,至白 7 告一段落,两分。

图 4-17(白外势厚),上图黑若不一间跳,被白 2 至白 8 把黑棋封锁到角里,白棋外势厚,白好。

图 4-18(稳健的飞),白 1 小飞挂,黑 2 小飞防守稳健,至黑 8 拆三是定式。以后白 AB 两点必得其一,白棋获得安定可以脱先它投。

三、高目

图 4-19(取地),白 1 小目挂角黑 2 托黑 4 退夺取实空,白 5 是防守的形。

至白 7 告一段落,以后白 A 黑 B 的先手利,周围子力较多也可瞄着 B 位打入。

图 4-20(取势),黑 2 小飞罩住白棋是获取外势的手法,至黑 6 黑得外势白棋角上已活可以脱先。接下来黑 A 白 B 是黑棋的先手利。

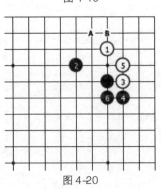

图 4-19

图 4-20

四、目外

图4-21（取势），白1小目挂黑2,4，飞压取势后至黑6拆告一段落。

将来A位是双方势力消长的要点。

图4-22（单拆），黑棋不愿意先损实空，黑2单拆也是可行的，至白7黑获先手也是两分的定式。

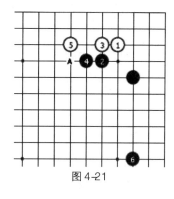

图4-21

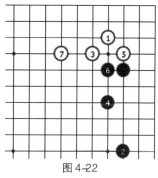

图4-22

五、三·三

图4-23（取势），白1抓住黑棋低位的弱点尖冲是常见下法，黑4黑6小飞是形，白5白7也是形。

至白7白获得外势，黑也先手获取了实空，是两分的定式。

图4-24（展开），白1不愿先损实空可以大飞挂，白3黑4各自展开。

以后白A非常大，白A后还可瞄着B打入。黑有机会抢先于C位打入也是严厉的下法。

D位是双方外势的消长要点。

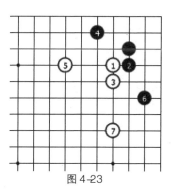

图4-23

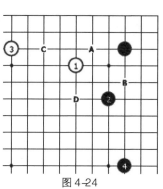

图4-24

第三节 定式中的形

定式显示了黑白双方在局部的最佳走法,如能掌握定式中的一些好招法,对筋和形就会自然熟悉起来,从而走出好棋。

总之,定式往往是以一些攻守兼备的"筋与形"构成的。

一、星位定式中的形

图 4-25

图 4-25,黑取外势白取实地。下面白该如何行棋,A 位扳出还是 B 位顶呢?

图 4-26(留下弱点),白 1 连扳是正着,虽然被黑 2 断打,白 3 粘后黑 4 征吃,但在黑模样中留下弱点,以后可以有引征的利用。

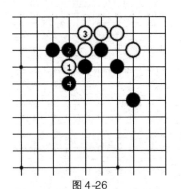

图 4-26

图 4-27(两子头被扳),白 1 顶是紧气"两子头被扳"的恶形。经黑 2、白 3,黑 4 连扳,黑越来越厚。

二、小目定式中的形

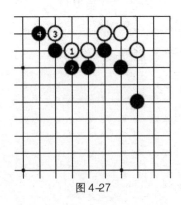

图 4-27

第 1 型:

图 4-28,黑 1 二间高夹是现代流行的走法。

白 2 靠、4 虎是想尽快安定的手法。

这里黑 5 打严厉,现在大都采用黑 5 打搜根的走法。

现在是白棋该怎么办呢?

图4-29(草笠),不敢反打而于1位接的走法不行。这种形叫做"草笠",是愚形的代表例子,看上去就缺乏眼形,成了绝好的攻击目标。黑2后,白处理困难。

图4-30(从外边打吃——形),白1从外面打,让黑2拔掉一子是正着。

白3打是形,打在这个方向是要点。

黑6、8把白棋刺成愚形,暂时无法继续进攻而告一段落。

第2型:

图4-31,黑3二间高夹,是实战中采用的现在流行形。

白4飞,黑以5、7强行切断。

白4的目的是诱惑黑来断,从而达到整形的目的。但现在白A则黑B,白不好;白B位打,亦是俗筋,很难下子。这里有腾挪的手筋。

图4-32(碰——筋),白1碰是正确的筋。敲击黑A以试应手,随机应变。

黑2长以下至白5,明朗的转换是手筋的效果。

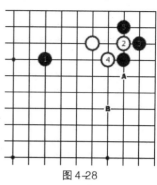

图4-28

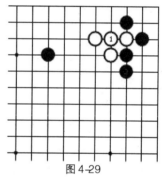

图4-29

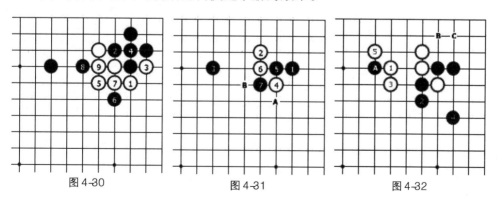

图4-30　　　　　图4-31　　　　　图4-32

黑4擒住白一子构成好形,白5扳抑制了黑A子的活力,也满足。

以后黑B位的跳,白C位的飞是关系到实利的形。

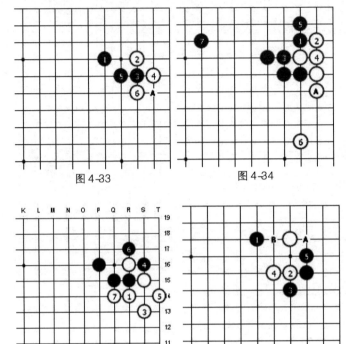

图 4-33

图 4-34

图 4-35

图 4-36

三、高目定式中的形

图 4-33,黑 3,5 靠退白 6 是形。白 6 如 A 长则位置太低。

图 4-34,白 A 长至黑 7 的变化白整体处于低位不能满意。

图 4-35,白 1 就是"断哪边吃哪边"的手筋。白虽然角地被夺,但也换取了足够的外势。

四、目外定式中的形

图 4-36,至黑 5 长后白怎么防守,是 A 还是 B 呢?

哪里才是防守的形?

图 4-37(过分),白 1 挡角过分,至黑 12 白角被杀,白不行。

图 4-38(定式),白 1 双是防守的形,黑 2 取角

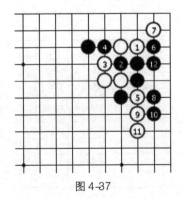

图 4-37

后,白3夹告一段落。

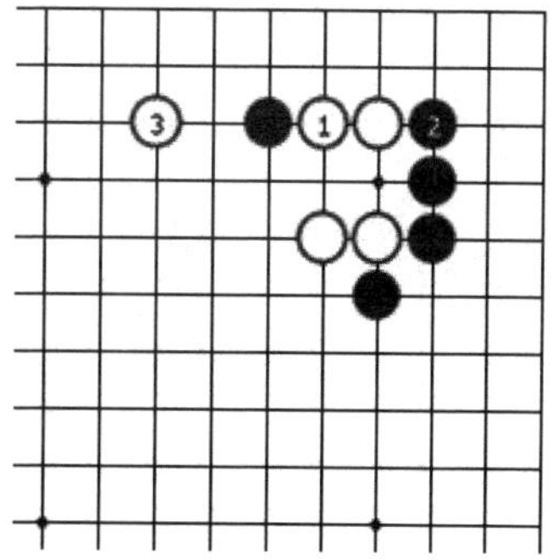

五、"三·三"定式中的形

图4-39,这是近代作战的一型,黑1走"三·三"。

白2尖冲是强调把黑压在低位的有利手法。

黑3长,对白4,黑5曲厚实,至白6,黑7止是基本型。

下面白如A位或B位挡下,因黑有C位的冲断,白重。这里白补冲断的方法成了焦点。

图4-40(飞——形),白1飞是形。补黑的冲断,同时又向中央发展,是轻快的一手。

以后,黑A跳,则白B;黑C跳,则白D,两边的挡必得其一。

图4-38

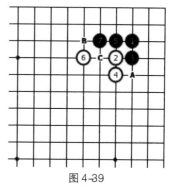

图4-39

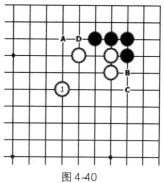

图4-40

第四节 中盘的筋和形

作为一手棋,中盘的"筋和形"往往决定这一局棋的命运。只有养成对形的锐利认识力,才能培养出把"筋和形"转化成急所的好手的"感觉"。可以说能否正确认识中盘的"筋和形"是十分重要的。

第1型:抓住缺陷(黑先)

图4-41,对于黑A的压,白B飞似好实拙,留下弊端。

有抓住白缺陷的锐利手筋。

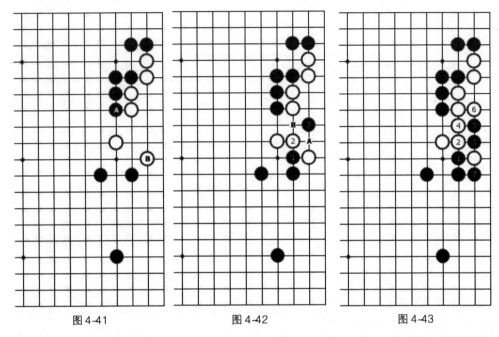

图 4-41　　　　　图 4-42　　　　　图 4-43

图4-42(点——急所),黑1位先冲试白应手,白如2位应,黑3点是锐利的手筋,下一手A位断和B位冲必得其一。

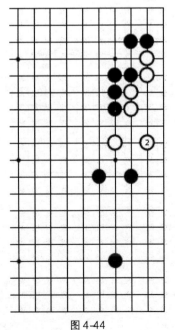

图4-43(黑成功),对黑1、3,白如4位应,至7止,黑占得便宜同时夺取白的眼位,黑成功。

白4如走5位,则黑4位冲,白崩溃。

图4-44(正着),当黑1压的时候,白2跳才是这里的"形"。

第2型:点方(黑先)

图4-45,攻防的急所,想一想就会知道。

怎样走呢?请构想其变化。

图4-46(攻防的急所),白的棋形有缺陷,这就是存在黑1位刺的袭击。

遭到这急所的一击,白难以应付。

白如2位应,黑3、5是攻击的调子,白大块失

图 4-44

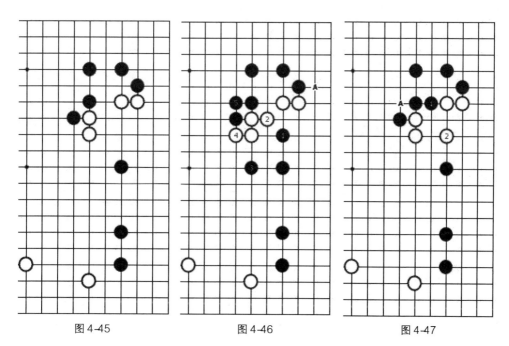

图 4-45　　　　　　图 4-46　　　　　　图 4-47

去眼形。也有黑3在A位立,一边捞取实利一边攻白的下法。

图4-47(必争点),黑1顶或是A位接,白2顺势占到急所,黑即失去了攻击的线索。

2位之点确实是"筋和形"的急所。

第3型:"腾挪之靠"(白先)

图4-48,利用白A的活力,动脑筋考虑手筋,对上下方都有影响,这是腾挪的要领。

图4-49(碰——筋),白1在上方碰是轻妙的腾挪手筋。

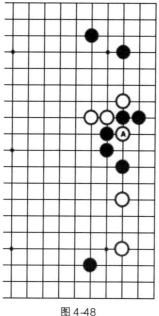
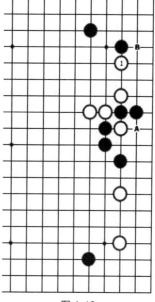

图 4-48　　　　　　图 4-49

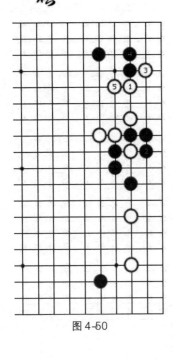

图 4-50

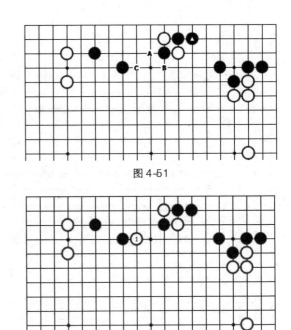

图 4-51

图 4-52

这一手后,白既可在 A 位挡吃黑 2 子,又可在 B 位扳角,两者必得其一。

图 4-50(上下得利),白 1 碰,黑只能 2 位吃住一子,白再 3、5 整形是漂亮的腾挪。

第 4 型:锐利的碰(白先)

图 4-51 黑△长,请从 ABC 三点中找出白最为妥当的着点。

图 4-52(碰——筋),白 1 碰试黑应手,是临机应变的手筋。

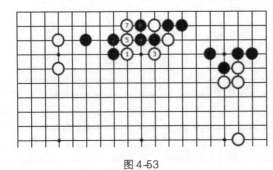

图 4-53

有"腾挪宜碰"的说法,很多情况下,往往以碰来策划腾挪,从而挑起战斗。

图 4-53(分析),黑如 2 位应,白 3 打是和白 1 相关连的手段。黑 4 时,白 5、7 冲下,将黑隔断。

第5型:夹(黑先)

图4-54,一般的着想是黑A扳,白B退,黑C跳,白再D尖,这样,白也构成好形,黑着法无力。

图4-55(夹——筋),对于这种白形,黑1夹是筋。让白2在里面接,再3位封锁是黑的目的。

跟黑舒展的姿态比较起来,白形狭小紧迫。

图4-56:(攻击的余得),前图以后,白4顶以图向中央走出,这样黑在攻击中使右方也自然得到巩固,黑满足。

图4-57(无理),对于黑1夹,白2长出无理。黑3、5一边得利,一边攻白,大成功。

可以说这是白必败的姿态。

其中白4如走5位,则成黑4,白A,黑B,白无成算。

图4-58(常用的筋),这是星压长定式中运用夹的例子,黑1、3用于加厚势力时的作战。

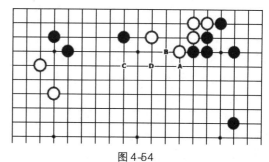

图4-54

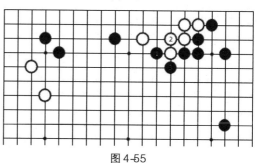

图4-55

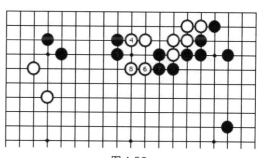

图4-56

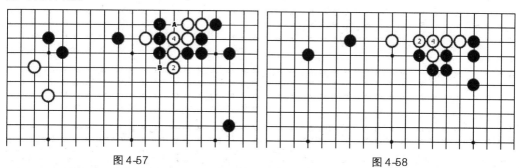

图4-57   图4-58

第五节　死活中的筋和形

算度能力的养成是在死活研究中居于首位的。

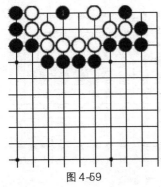

图 4-59

一般说来,作为死活的基本,从扳点着手往往是筋的所在,但要占据有利的要点,一看棋形就能知道"这个形是急所""那里点是筋"的判断的直觉,却是最重要的。

请记住"对方的急所就是我方的急所"。

第 1 型:眼形要点

图 4-59(急所的筋),黑 1 点是第一感的急所,白死。

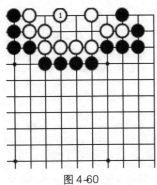

图 4-60

图 4-60(急所的形),白 1 是做眼的形,白活。

第 2 型:飞的筋

图 4-61,飞的形看上去轻快,有小飞和大飞两种。

在处理中盘时的攻和守中,"攻宜飞"的格言也是有名的。

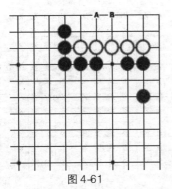

图 4-61

作为攻杀对方的手段,飞的手筋在冲击对方缺口时被广泛应用。本型 A 位的小飞是筋,B 位的大飞失败。

图 4-62(正确的次序),黑 1 小飞是手筋。对于白 4,黑 5 夺眼。

白 6 后,黑 7、9 是重要的次序,成弯三;黑 7 如先走 9 位,则白走 7 位能活。

这是在实战中经常出现的形,希望别把攻杀的

第四章 形:围棋的美学

手筋搞错了。

图4-63,大飞,白2的靠成立。以下至白8成劫。

黑7如在8位夹,则白A,黑7,白B挤仍成劫。

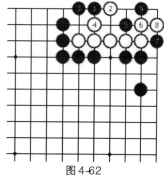

图4-62

第3型:利用弃子的筋

图4-64,利用弃子的手段,小的弃掉一子二子,大的如倒脱靴之类,在死活中经常出现。

弃子就是有意识地让对方吃子的战法,如使用得当会有很大的效果。

看起来问题简单,普通认为白不能活。

如果注意到弃子的手段,在A位的急所着子,

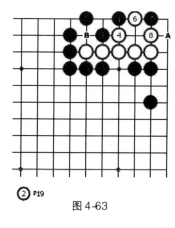

图4-63

问题就解决了。

图4-65(弃子的效果),白1立占得要点是手筋。白弃掉二子,巧妙地做活。白1弃子的作用在于:黑尽管吃掉白二子,但必须花去4、8、10三手。请仔细体会至白11止的次序吧。

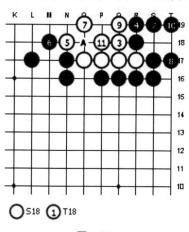

图4-65

白5在9位吃三子则恶,黑在A位扳成"弯三",白死。

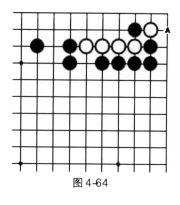

图4-64

图4-66(劫),白1打是平凡的着法,黑2以下至8成劫。

第4型:利用倒脱靴杀棋

图4-67(三眼两做),黑1如打,白A提后

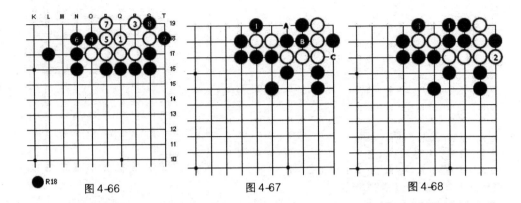

图 4-66　　　　　图 4-67　　　　　图 4-68

白 B,C 必得其一。

这就是常说的"三眼两做"。

图 4-68(倒脱靴),这个形,白在 1 位提掉三子则将做成两眼,无论如何黑 1 是急所。

在一般情况下,这样弃四子故意造成大损失的自杀行为是很难下出的,但在这种场合却是倒脱靴的基本形。

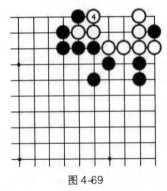

图 4-69

图 4-69,本图至白 4 时,往往有认为白活了的错觉。

图 4-70(反断吃),黑 5 在被提掉四子的地方反断吃,成为倒脱靴,白死。倒脱靴也有五子的情况,反过来做活的场合下也被应用,这是很容易疏忽的。

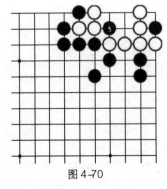

图 4-70

第 5 型:"一·一"的筋

"一·一"是"角之角",这个棋盘尽端的点,一般好像没有什么价值,但显得无用的地方,却会出现急所的筋。

利用对方不入子的场合是较多的,可以说是死活问题的趣味吧。

图4-71，A点是"一·一"的筋。

图4-72（对抗），黑1是"一·一"的筋。这确实是厉害的一手，白不能入子，二·三路白子失去作用。

白如2，黑3点是急所，以后AB两点必得其一。

白如A，则黑B，以后白C位提两子时，因有1位的手筋，黑即可反提对抗。

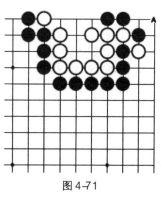

图4-71

图4-73，如果黑只注意到1位平凡的打，结果白2、4成立，简单成活。

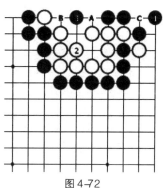

图4-72

第6型：一线跳的筋

在一线上有各种各样死活的手筋，其技巧出色往往使对方措手不及是特征。

这个一线跳的手筋，看上去轻快，可以说是筋中之筋。如果平时没有研究，在实战中是很难走出这种手筋的。

图4-74，焦点在于角上的两子，用A跳的筋，便能连络。

图4-75（渡），这是在一线上跳的筋的基本形，在实战中经常出现。请注意黑1跳，很漂亮地把角上两子连络回来。

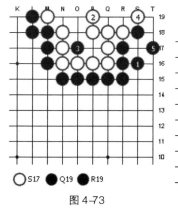

图4-73

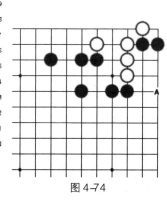

图4-74

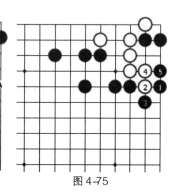

图4-75

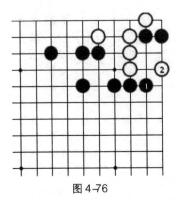

图 4-76

白 2 挖,则黑 3、5 渡过,这样角上白棋自然死。

图 4-76(跳的效果),黑 1 立失败。白 2 跳是筋,切断了黑的连络。像这样在一线上跳的筋,对于棋的死活起了很大的作用,是在实战中应用极广的手筋。

拓展阅读

《围棋的筋和形》,林海峰著,蜀蓉棋艺出版社,1986 年。

《围棋定式大全》,本社编辑部,蜀蓉棋艺出版社,1996 年。

《围棋手筋大全》,廖渝生编著,四川科学技术出版社,2006 年。

《围棋入门》(修订版),翟燕生、徐莹编著,金盾出版社,2011 年。

第五章

千年棋脉：中国围棋的源与流

　　中国围棋源远流长。关于围棋的起源，有多种说法，但可以确定的是，春秋时代，博弈已颇为流行。中国古代围棋有过三次兴盛的时期，一为南北朝，一为唐宋，一为清代。而清代，也是中国围棋由盛转衰的时期。晚清，国运衰，棋运亦衰，中国围棋在日本围棋的刺激、影响之下，由此开始了现代转型。经过半个多世纪的努力，中国围棋在追赶、超越日本的努力中，完成了自己的复兴之路。20世纪后期，围棋日益世界化，预示了一个新的时代的到来。

第一节 古代围棋

一、围棋起源

关于围棋起源,最流行说法是"尧舜造棋说"。晋代成书的《博物志》谓"尧造围棋,以教子丹朱。或云:舜以子商均愚,故作围棋以教之"。而在南北朝时期成书的《世说新语》,刘孝标注引《晋中兴书》的记载里,也明确写有"围棋尧舜以教愚子"。

"尧舜造棋"的观点被后世普遍接受,这体现的是中华文化在对待一件事物的发明时愿意攀附先贤的传统。尧、舜、禹是中国原始社会时期传说中的部族首领。此外,类似地认为围棋起源于某位古代先贤的创造的观点还有"容成公造棋说"(容成公传为黄帝臣子,载于《列仙传》)、"乌曹作棋说"(乌曹相传为夏朝臣子,出自明代陈仁锡《潜确类书》)、"箕子造棋说"(箕子为商末贵族,此说源于山西晋城陵川棋子山的传说)等。

除了"先贤创造说"外,还有两种关于围棋起源的观点得到了广泛的流传。一是起源于对战争的模拟,围棋中关于"地"的争夺,关于"气"的延长与围堵,攻杀与歼灭,包围与反包围,都带有很多的战争色彩。这一观点的较早提出者为唐代的皮日休(《原弈》),但他据此认为围棋源于战国时期兵家、纵横家之手,又未免过于延后了围棋的诞生时间。

另一种观点认为围棋的诞生与占卜有关。有学者认为,围棋是古代先民上观天文,占卜吉凶的一种工具,更有人将围棋与中国最古老的典籍《周易》中"理、象、数、气"的概念联系起来,如棋盘上众星拱卫"天元",一黑一白的棋子与一阴一阳

图 5-1 尧画像

的"道","时"与"位"的变化,都在某种程度上反映了围棋与八卦的相通之处。

此外,由于围棋本身的博大深邃,变化无穷,有人认为它很难出自于刀耕火种的中国原始社会古人之手,而是来自外星人的创造。

考察世界多个民族都曾出现过的"吃子棋"游戏,以及围棋初学者面对棋盘时更愿意扭杀吃子的现象,或许围棋的起源只是中国古代先民用草根木棍在土地上划下若干条横竖线,以石子玩相互攻杀的一种棋戏。在发展过程中,人们认识到如果以围地多少作为判定胜负的依据,就可以摆脱单纯吃子而选择主动围地的策略,而棋盘道数慢慢增多,直至形成了目前通用的十九路棋盘。

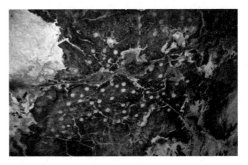

图5-2 山西晋城陵川棋子山"箕子洞"上方的天然"棋局"

有一点可以确认的是,在众多棋类游戏中,围棋起源的时间要早于其他任何棋种。一个佐证是围棋棋子只有黑白两色,棋子本身无等级高下之分,其效用大小完全取决于下棋者的才能,这与后世产生的象棋、军棋的形制、规则完全不同。一般认为,围棋本身所体现出的平等关系,带有原始公社制的色彩,应该是产生于原始社会。

二、先秦到魏晋南北朝的变迁

迄今所知,有关围棋的最早文献记载见于《左传·襄公二十五年》:"卫献公自夷仪使与宁喜言,宁喜许之。大叔文子曰:'……今宁子视君不如弈棋,其可以免乎?弈者举棋不定,不胜其耦,而况置君而弗定乎?必不免也……'"

《左传》是春秋时期鲁国的编年史,鲁襄公二十五年即公元前548年。这里用下围棋作比方来评论政事,说明围棋在当时位于淇水流域的卫国已较为流行。

春秋后期,儒家学派创始人孔子在《论语·阳货》中提到围棋:"子曰:饱食终日,无所用心,难矣哉。不有博弈者乎?为之犹贤乎已。"

"饱食终日,无所用心",说明当时社会开始出现有闲阶层,他们有一定的闲暇时间从事求"温饱"之外的事情,这为博弈活动的开展提供了基础。孔子这句话的目的在于对人们的闲暇生活作出引导。

处于战国中期的孟子也多次谈到围棋。他把"博弈好饮酒"列为世俗五不孝之一,客观上反证了当时围棋的盛行,甚至冲击到社会的伦理秩序。《孟子·告子上》还有一则著名的寓言:

> 今夫弈之为数,小数也。不专心致志,则不得也。弈秋,通国之善弈者也。使弈秋诲二人弈,其一人专心致志,惟弈秋之为听。一人虽听之,一心以为有鸿鹄将至,思援弓缴而射之。虽与之学,弗若之矣。为是其智弗若欤?曰:非然也。

西汉时期,由于汉武帝"罢黜百家,独尊儒术",儒家思想占据官方统治地位,围棋平等、竞争等属性与儒家仁、礼之道相冲突,被当作"失礼迷风""简慢、相轻"之物被贬抑。

东汉著名史学家、文学家班固在《弈旨》则首开正面论棋的先河:

> 局必方正,象地则也。道必正直,神明德也。棋有白黑,阴阳分也。骈罗列布,效天文也。四象既陈,行之在人,盖王政也。成败臧否,为仁由己,危之正也。

图5-3 孔子老子对局图(日本)

图5-4 孟子像

图5-5 班固像

第五章　千年棋脉：中国围棋的源与流

接着，《弈旨》又称围棋"上有天地之象，次有帝王之治，中有五霸之权，下有战国之事，览其得失，古今略备"，把围棋跟天道、人道联系在一起，立象比德，将围棋玄妙化，赋予形而上之道的意义。

图5-6　清·范德容《竹林七贤图》

此后，李尤作《围棋铭》，马融作《围棋赋》，从游艺、哲学、兵法等角度阐发围棋。围棋在先秦"技"与"戏"的基础上，有了"道"的色彩。

到了动荡的魏晋，围棋正式确立了"艺"的地位。由于政局黑暗，魏晋士人游艺人生，选择种种方式自娱，围棋便成为工具之一。竹林七贤酣饮高卧，吟诗下棋，啸傲山林；袁羌一边谈易，一边下棋，口手相应，意态傲然……有关围棋的多种别称都出自魏晋之时，王坦之以围棋为"坐隐"，支遁称围棋为"手谈"，祖纳以围棋为"忘忧"，这种围棋观折射了时代的人生观与价值观。

三国演义，魏、蜀、吴各霸一方。魏武帝曹操、魏文帝曹丕均好棋，士大夫中更不乏棋艺爱好者，"建安七子"中的孔融、王粲等都是颇有影响的文人中的"弈士"。《三国志·魏书·王粲传》记载王粲"观人围棋，局坏，粲为复之。棋者不信，以帕覆局，使更以它局为之，用相比较，不误一道。"

三国中，吴地围棋最为普及。晋人葛洪《抱朴子》记载："世人以人所尤长，众所不及者，便谓之圣。故善围棋之无比者，谓之棋圣。故严子卿、马绥明于今有棋圣之名焉。"敦煌《碁经》中两次提到"吴图二十四槃（盘）"，唐代诗人杜牧在送国手王逢的《重送绝句》中也有"一灯明暗复吴图"的诗句。流传到今天的"吴图"有尚存真伪争议的《孙策诏吕范弈棋局面》一局。

《孙策诏吕范弈棋局面》见于宋代李逸民编《忘忧清乐集》，仅四十三手。作为中国流传下来的最早的棋谱，后来不少人怀疑是伪谱，最重要的依据是三国时通行十七路棋盘，这一局却是十九路。不过，汉代到唐代，从十五路棋盘到十九路，经历了一个较长的演变过程。其中新旧事物难免杂然并处，就像唐代十

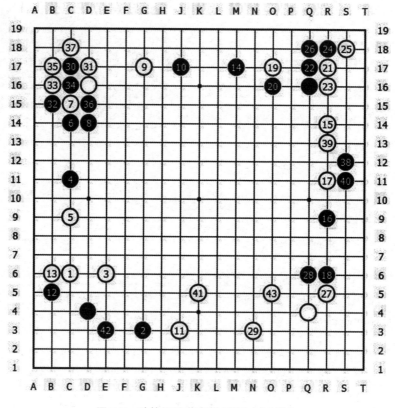

图5-7 孙策诏吕范弈棋局面(1-43手)

九路棋盘盛行时,还存在有十七路盘。三国时就开始出现十九路盘,也并非没有可能。

　　这盘棋使用的是中国古代通行的座子制(对角星位各放置两颗黑白子)和白棋先行制。中国古棋采用"还棋头"规则,终局时比较活棋块数,每多一块,将还给对方一个子。黑2大飞,即中国古人由于"还棋头"规则而不怕进角的招法。白3直接跳向中腹,也体现了古棋看重中腹的风格。以下黑10、白11紧逼,反映出中国古人爱好近身搏斗的特点。不过白21、黑30以下点角转换,又有着现代围棋的灵活思路。

　　东晋时期,围棋更成为士人展示任情率性、潇洒不群风度的一个载体。《世说新语》记载淝水大战时东晋丞相谢安弈棋破敌:"谢公与人围棋,俄而谢玄淮

第五章 千年棋脉：中国围棋的源与流

上信至，看书竟，默然无言，徐向局。客问淮上利害，答曰：'小儿辈大破贼。'意色举止，不异于常。"

前秦苻坚率八十万大军进抵淝水，东晋军队仅八万人。谢安运筹帷幄，让谢石、谢玄迎敌，自己从容弈棋。胜利喜讯传来，谢安内心的激动可想而知。但他不动声色，"意色举止，不异于常"，非同常人的气度跃然纸上。谢安典型地体现了中国传统所崇尚的儒将风度：既为名士，有高世隐逸之志，棋上自有风景，又为儒将，杀敌于阵前，挽狂澜于既倒。治国安邦、从容对弈两不误，这正代表了中国人心目中的理想形象。

围棋在南北朝迎来了第一个黄金时代。南朝宋、齐、梁诸帝爱好围棋，建立掌管围棋的专业机构"围棋州邑"，创立评定棋手实力等级的"棋品制度"，形成了"天下唯有文义棋书"的社会风尚。此后，"棋品制度"演变成"围棋九品"：入神、坐照、具体、通幽、用智、小巧、斗力、若愚、守拙，成为段位制度的滥觞。

即便是围棋发展相对迟滞的北朝，也出现了著名棋手范宁儿。他代表北魏出使南齐，在与南朝高手王抗的"南北对抗"中获胜。

东汉以来，对围棋的阐发也日益丰富，出现了著名的"五赋三论"：汉代马融的《围棋赋》，晋代曹摅的《围棋赋》，晋代蔡洪《围棋赋》，南朝梁武帝的《围棋赋》，南朝梁宣帝的《围棋赋》。"三论"是：汉代班固的《弈旨》，三国应玚的《弈势》，南朝梁代沈约的《棋品序》。它们从兵法、道、艺的角度阐发围棋，赋予了围棋丰富的内涵。

北周时期还有一部重要的围棋理论著作《碁经》，因残存于敦煌经卷之中而流传至今。《碁经》共分七篇，第一篇篇名不详，从残存的文字看，主要是阐述弈棋的基本要领和法则。《碁经》明确标榜"不以实心为善，还须巧诈为能"，真正突出了下棋与用兵的本质相通之处。第二篇"诱征篇"专论征子之法。第三篇"势用篇"综论各种"势"的运用，即一些具体的死活和对杀图形。第四篇"像名篇"，内容首先涉及

图5-8　清·苏六朋《东山报捷图》

棋局的基本名称。第五篇"释图势篇"论述图与势的关系和复图打谱的重要性。第六篇"棋制篇",叙述弈棋的规则和计算输赢方法。第七篇"部帙篇",阐述将棋势分为四部的标准和内容。"部帙篇"后还专列了"碁病法""碁法"。"碁病法"提出棋有"三恶""二不祥"。"三恶":第一,傍畔萦角,第二,应手鹿鹿,第三,断绝不续。"二不祥":一谓下子无理,任急速,二谓救死形势不足。"碁法"则在第一篇的基础上更具体地总结了行棋之大法。

《碁经》内容既重视全局,又揭示局部战法的要领,是南北朝时期围棋理论的一次全面总结,是中国围棋史的一篇重要的理论文献。

三、唐宋气象

围棋进入到唐代,随着翰林院、棋待诏制度的建立,出现了最早的"职业"棋手,而围棋在文人、士大夫阶层的广泛流传,又使围棋更多地带有了精神的、艺术的色彩。也是在唐代,棋正式成为琴、棋、书、画"四艺"之一。到了宋代,随着围棋的普及,棋士棋与文人棋进一步分化,在竞技与艺术之间,围棋被赋予了越来越丰富的意义。

隋文帝杨坚统一南北,继之而起的唐朝文化胸襟更加开放,兼容并蓄。唐朝历代帝王,如唐太宗李世民、唐玄宗李隆基都好棋。李世民写有《五言咏棋》两首,其一:

手谈标昔美,坐隐逸前良。参差分两势,玄素引双行。舍生非假命,带死不关伤。方知仙岭侧,烂斧几寒芳。

其二:

治兵期制胜,裂地不要勋。半死围中断,全生节外分。雁行非假翼,阵气本无云。玩此孙吴意,怡神静俗氛。

唐玄宗还首创了翰林棋待诏制度。所谓待诏,是指待命供奉内廷、专门侍

第五章 千年棋脉：中国围棋的源与流

奉皇帝的人。从此，中国古代棋人有了凭借技艺进入宫廷的途径。

唐代最著名的国手、棋待诏为王积薪，冯贽《云仙杂记》说他"梦青龙吐棋经九部授己，其艺顿精"，每次出游，"必携围棋短具，画纸为局，与棋子并盛筒中，束于车辕马鬣间。道上虽遇匹夫，亦与对手。胜则征饼饵牛酒，取饱而去。"薛用弱《集异记》也有王积薪随玄宗赴蜀途中遇仙姑指点，技艺大进的传说。这些传说流传极广，说明王积薪在朝野棋坛均享有极高的声誉。

图5-9　南唐·周文矩《明皇会棋图》（部分）

相传王积薪著有《棋诀》三卷，《凤池图》一卷，但均已失传。只有一个棋图

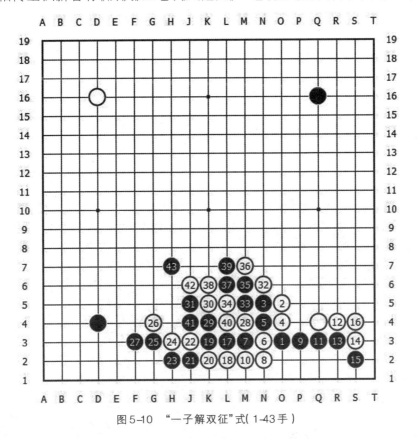

图5-10　"一子解双征"式（1-43手）

《一子解双征》保存下来,起手黑1小飞挂,白2飞镇为"镇神头"起手式。以下双方展开激战,当白42想要两边征子的时候,黑43手一子防住了两边的征子,是为"一子解双征"。后来,这一名手被借用到晚唐时期棋待诏顾师言击败日本国王子的故事之中。

北宋商业繁荣,市民文化兴起,帝王对围棋的提倡也有增无减。宋太宗赵匡义尤擅围棋,制有《对面千里势》《独飞天鹅势》等死活棋势。宋哲宗时,职业围棋迎来一个高潮。《忘忧清乐集》李逸民跋:"我朝善弈显名天下者,昔年待诏老刘宗,今日刘仲甫、杨中隐、以至王琬、孙侁、郭范、李百祥辈。"这七人应该都做过棋待诏。而其中刘仲甫更是继盛唐王积薪之后围棋史上的一个标志性棋手。

刘仲甫以"奉饶天下棋先"的传说享誉民间,也留下了证明中国古棋偏好斗

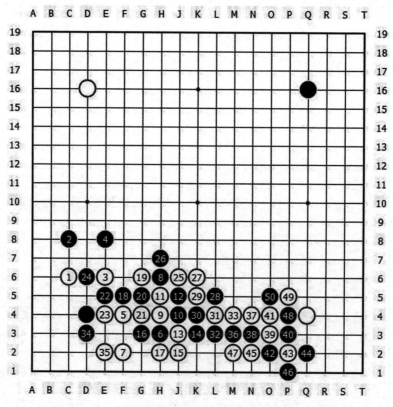

图5-11 呕血谱第一谱(1-50)

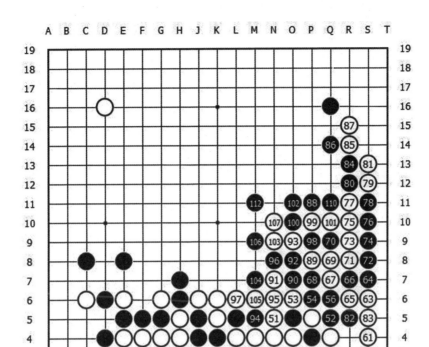

图5-12 呕血谱第二谱(51-112,黑中盘胜)

力,局部手段精妙的《呕血谱》(又名《遇仙图》)。虽然谱中部分下法如今已遭淘汰(如黑6、8等),但棋子近距离缠斗时黑70、88、98等着法,都能显示出对局者的实力。

宋代围棋理论又有进一步拓展,最光辉的一篇文献是《棋经十三篇》。《棋经十三篇》成书于北宋仁宗年间,据李毓珍先生考证,作者为张靖。《棋经十三篇》在内容上模拟《孙子兵法》,分为十三篇:《棋局篇第一》《得算篇第二》《权舆篇第三》《合战篇第四》《虚实篇第五》《自知篇第六》《审局篇第七》《度情篇第八》《斜正篇第九》《洞微篇第十》《名数篇十一》《品格篇十二》《杂说篇十三》。其内容归纳起来,大致可分为以下几个方面:

其一,推本棋局、棋子的形制,列举棋的名目、棋品。

其二,强调对局的态度和弈者所应具备的棋艺修养和棋德。

其三,对围棋的实战经验的总结,论述了一系列对弈中的战略战术和基本要领。

《棋经十三篇》中的许多语句,已成了类似于棋的格言、警句。如《合战篇第四》"高者在腹,下者在边,中者占角""宁输数子,勿失一先""两生勿断,皆活勿连""阔不可太疏,密不可太促""与其恋子以求生,不若弃之而取势,与其无事而强行,不若因之而自补""彼众我寡,先谋其生。我众彼寡,务张其势""善胜敌者不争,善阵者不战,善战者不败,善败者不乱""夫棋始以正合,终以奇胜"等。

《棋经十三篇》作为我国流传至今最完整、最系统的围棋理论著作,它是对上千年围棋理论与实战经验的总结,它不光是棋法、兵法,更是一种哲学。

《棋经十三篇》见于现存最早的棋谱——宋代的《忘忧清乐集》。《忘忧清乐集》原题"前御书院棋待诏赐绯李逸民重编",书名来自宋徽宗御制宫词的首句"忘忧清乐在枰棋",全书共三卷,上卷收录棋艺理论文章和棋谱。中卷为各种角图,相当于现在的角上定式。下卷为死活棋势。

《忘忧清乐集》作为现存唯一的一部宋谱,理论文字、棋谱、局部棋势兼收并蓄,奠定了中国古代棋谱的基本范型,元明以后的棋谱基本上都是沿袭这一模式。

唐宋时期,围棋作为"琴棋书画"四艺之一,广泛进入士大夫阶层,成为文人墨客显示风雅情怀的一种工具。白居易有诗:

> 何处春深好,春深博弈家。
> 一先争破眼,六聚斗成花。
> 鼓应投壶马,兵冲象戏车。
> 弹棋局上争,最妙是长斜。

"博弈家"类似于今天的私人俱乐部,这里设置了

图5-13 《忘忧清乐集》内页

第五章 千年棋脉：中国围棋的源与流

围棋、投壶、象戏、弹棋、双陆等多种棋戏，供人娱乐。它们反映了这些棋戏在社会上普遍流行的情况。文人弈棋作诗，"楚江巫峡半云雨，清簟疏帘看弈棋"（杜甫），"青山不厌千杯酒，白日惟消一局棋"（李远），令人流连忘返。

进入宋代，随着以棋待诏为代表的"专业棋士"在围棋技术上日臻成熟，"文人棋"与"国手棋"渐渐分化。宋代欧阳修、王安石、苏轼等文坛领袖更看重围棋的消遣功能，不再追求围棋所具有的胜负（竞技）一面。欧阳修写有《新开棋轩呈元珍表臣》，描写对局时棋境与周遭清幽景色融为一体，构成深远恬淡的意趣：

图5-14　清·王时敏《杜甫诗意图》

竹树日已滋，轩窗渐幽兴。
人闲与世远，鸟语知境静。
春光霭欲布，山色寒尚映。
独收万虑心，于此一枰竞。

围棋成了养性、悟道的一种工具。王安石作有著名的《棋》诗，其中淡化围棋竞技胜负的态度影响了后世无数文人墨客：

莫将戏事扰真情，且可随缘道我赢。
战罢两奁分白黑，一枰何处有亏成。

苏轼的《观棋》诗则强调"胜固欣然，败亦可喜"。看淡胜负，与其局上相争，不如退而观之，平常心是道，这正典型地体现文人的围棋观和人生价值取向。

四、明清盛衰

元代统治者轻视文化,围棋陷入发展低谷,仅有一部以死活棋势著称的《玄玄棋经》流传。《玄玄棋经》全书分为六卷,按照儒家"六艺"命名,即"礼、乐、射、御、书、数",其中"礼"卷收录历朝历代棋艺理论文字,"乐""射"卷载有各种开局走法。

《玄玄棋经》最为著名的是"御、书、数"三卷记载的死活题。这些死活棋势内容精妙,直到现在仍被认为具有实用价值。而这些棋势的命名,也往往颇为独特与形象。如龟势:

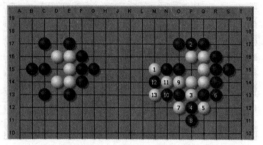

图5-15 《玄玄棋经》龟势

此型被称为"龟势",从形象上看就很确切。而像"猪嘴""大猪嘴""小猪嘴"(如图),也因其形象性,被沿用至今。

还有一些棋势,在"名"与"实"上也极具美感。如征子排局"长空射雁":

在征子的最后,犹如一张"巨弩",直

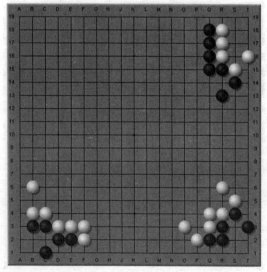

图5-16 猪嘴(左下)、大猪嘴(右上)、小猪嘴(右下)

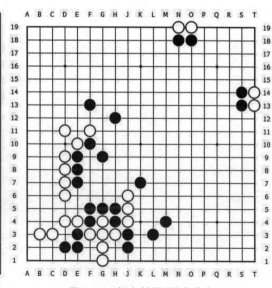

图5-17 长空射雁图(白先)

第五章　千年棋脉：中国围棋的源与流

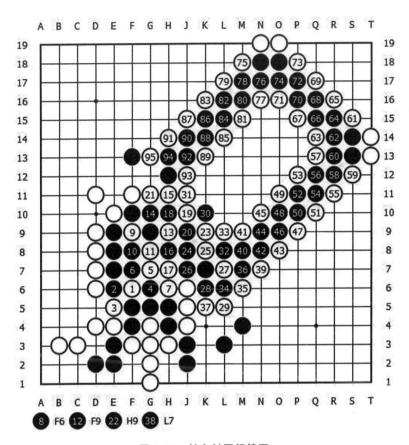

图5-18　长空射雁解答图

向天空。类似这样的死活棋势虽然带有浓厚的人为痕迹，但也正是在这种创造中，围棋之艺与艺术之美得到了高度的统一。

　　朱元璋建立明朝后，棋待诏制度名存实亡。在工商业得到发展，城市经济繁荣的时代背景下，围棋从宫廷走向民间。明代中期，出现了以地域划分派别的"永嘉派""新安派""京师派"三大围棋流派。明代围棋著作中涌现了大量的棋谱类书籍，对于围棋技术的总结、传承具有重要意义。影响较大的有《适情录》《石室仙机》《弈薮》《仙机武库》等。此外，文坛领袖王世贞也撰有品评围棋人物的《弈旨》等文章。

　　上述著作中，棋手苏之轼编撰的《弈薮》在一定程度上体现了中国古人对围棋定义划分的理解。《弈薮》将一局棋分为"起手""侵分""残局"三部分,大约类似于现代意义上的"布局""中盘""官子"。《弈薮》还对中国古棋中的让子棋做了专门介绍,从中可以发现,虽然由于座子的存在,中国古代围棋以星定式为主,但仍然有小目、目外等下法。

明代最负盛名的棋手为明末清初的国手过百龄。过百龄在熟练掌握棋坛旧有套路"镇神头""金井栏"等的前提下,创造性地采用了"倚盖起手式""大压梁式"等新着法,体现出非凡的创新才能。

清代棋界,可谓名手辈出。明末清初有过百龄、汪幼清、周懒予、盛大有;清代早期有汪汉年、周东侯、黄龙士、徐星友等,中期有著名的四大家梁魏今、程兰如、范西屏、施定庵,晚清有两大国手周小松、陈子仙。中国古代围棋,以竞技论,走向一个最为繁盛的时代。

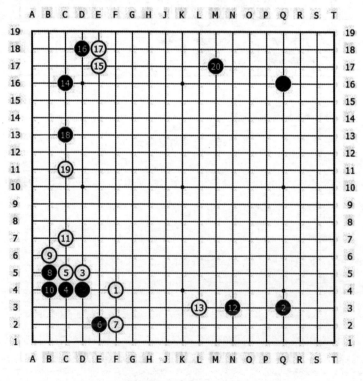

图5-19 《弈薮》"受二子第七局"(1-20)

第五章 千年棋脉：中国围棋的源与流

清初,周懒予在与过百龄的十余局大战中取胜,凭借过百龄擅长的"倚盖"定式击败对手。康熙年间,"棋圣"黄龙士崛起。黄龙士行棋"寄纤秾于淡泊之中,寓神骏于形骸之外,所谓形人而我无形,庶几空诸所有,故能无所不有也",得到了后世的极高评价。黄龙士与当时名手徐星友进行了多盘让三子较量,计算深远,被后世称为《血泪篇》。

与过百龄、周懒予喜好倚盖等开局定式相比,黄龙士这一代棋手更擅长使用"双飞燕"。如黄龙士执黑与徐星友的一局对子棋,就多次出现了"双飞燕"定式。但在本局中,当黑6紧夹时,白7点角转换在古谱中不多见。对这一变化,徐星友曾认为"黑地已

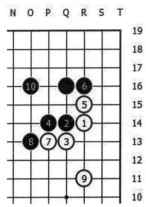

图 5-20　"倚盖"起手式

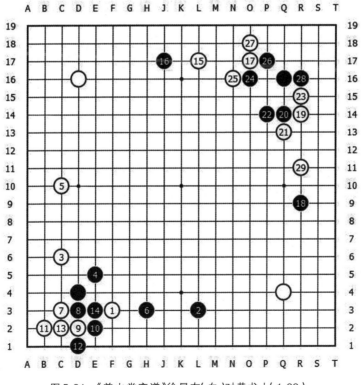

图 5-21　《兼山堂弈谱》徐星友(白)对黄龙士(1-29)

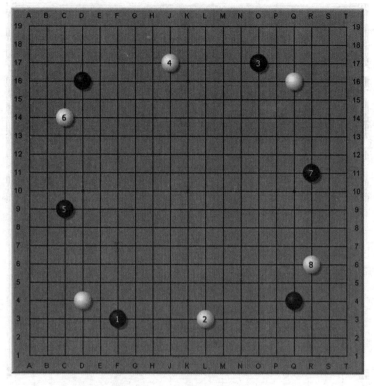

图 5-22 《弈理指归图》布局图

实,白地尚虚",白稍不满,现代人则认为白棋完全可行,这只能说是围棋价值观的差异。

乾隆时期,范西屏与施襄夏两位围棋天才横空出世。他们同是浙江海宁人,弈艺旗鼓相当,被称为"棋中李杜",同享"棋圣"之誉。他们不仅棋艺高超,还对围棋技战术理论有深入的研究。以布局理论而言,施襄夏在《弈理指归》及《弈理指归图》中首次将前人笼而统之的"起手式"分成了"起手"与"布局"两个部分,并第一次提出了"布局"的概念。他们强调布局宜松,"倚盖""双飞燕"等被认为"太紧"的开局手法,也就逐渐被淘汰。他们频繁使用当对手挂角,"九三"夹兼分投的下法。为此《弈理指归图》专列了一标准的"布局图",如图5-22。

这一图,成了一标准程式,在不同棋手的对局中反复出现,演生出各种"变化图"来。

第五章 千年棋脉:中国围棋的源与流

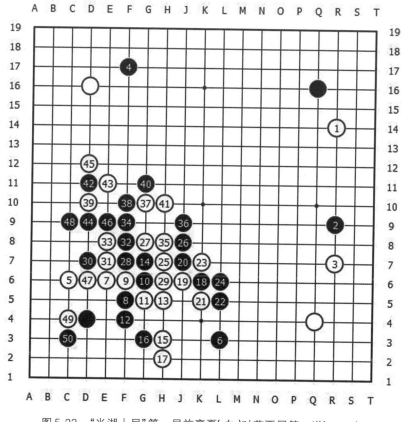

图5-23 "当湖十局"第一局施襄夏(白)对范西屏第一谱(1-50)

范西屏与施襄夏曾在浙江平湖对弈,史称"当湖十局",被认为代表了中国古代围棋的最高水平。"当湖十局"第一局的开局体现出清代围棋的新变化,当施襄夏白1挂角时,黑2"九三投",是两位围棋大师推崇的布局下法。不过以下白7单跳,又是典型看重中腹的古风。当白9压时,黑10为追求更高的效率强行扳起,是中国古代流行的定式之一"五六飞攻",白11切断后激烈的战斗立即开始。此后如黑18等不顾自身(角地)安危强攻白棋的手段,一直以来为古人所好。

清代围棋极一时之盛,清代的棋谱著作也蔚为大观,在数量上大大超过前朝,质量上也颇具特点,有不少上乘之作。主要特点为分门别类,丰富多样;棋谱与棋评互证互补;技战术理论日趋完备,实用性强。知名棋手徐星友(《兼山堂弈谱》)、范西屏(《桃花泉弈谱》)、施襄夏(《弈理指归》)、周小松(《餐菊斋棋评》)等都有棋书传世。

遗憾的是,在范西屏、施襄夏之后,中国古代围棋进入了拘泥于前辈成见,"疑古精神"淡漠的晚清时期。当时的中国棋手局限在范施,以及范、施之前黄龙士、徐星友们规定的程式中,围棋理念日趋保守。比如晚清国手陈子仙、周小松在对局时,白11选择双飞燕定式,黑16、18选择上长,本是局部适当的下法,晚清国手却由于前辈对这些招法的个人好恶而予以排斥,墨守成规。在晚清事必"崇古"的棋界观念里,整个棋界呈现出一种"同质化",少有创新,这无疑是中国古代围棋日益衰落的重要原因。

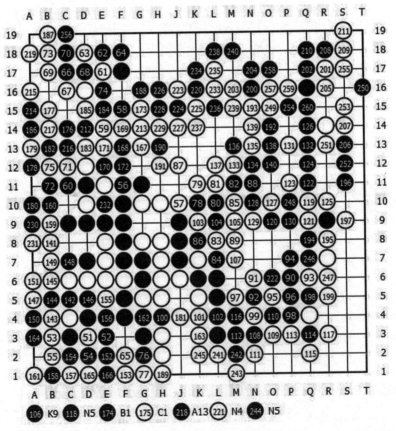

图5-24 "当湖十局"第一局施襄夏(白)对范西屏第二谱(51-260,黑胜七子)

第五章 千年棋脉：中国围棋的源与流

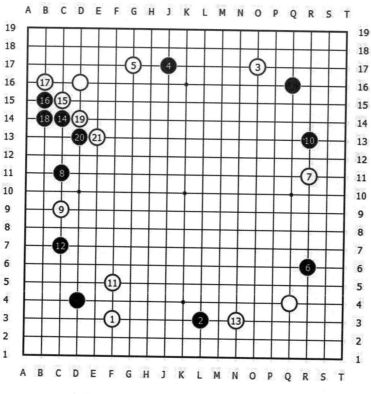

图5-25 陈子仙(白)对周小松(1-21)

明清时期，围棋逐步走向民间，成为社会各阶层"雅俗共赏"的一种游戏。著名的话本小说"三言二拍"、《儒林外史》《红楼梦》《聊斋志异》中，都有为数众多的围棋描写。此外，在烧制的瓷器、木雕的屏风等实用工艺品，乃至深入民间的杨柳青年画上，也出现了以围棋为主题的绘图。

在明清两朝留存下来的画作中，还有一系列"美人弈棋"的潮流。有明代仇英《汉宫春晓图》、姜隐《芭蕉美人图》，清代丁光鹏《乞巧图》、焦秉贞《桐荫对弈图》、禹之鼎《闲敲棋子图》等等，群芳雅娱，颇具魅力。这一方面反映出围棋与女性相结合，带有一番别样的艺术情趣；同时客观上反映了围棋在社会各阶层的日益普及。

第二节　现代转型

一、中日交流及影响

国运盛则棋运盛,国运衰则棋运衰。晚清中国积贫积弱,落后挨打,社会性质变为半殖民地半封建社会,中国围棋也陷入前所未有的低谷。1909年,面对来中国旅游的日本四段棋手高部道平,中国南北棋坛竟无一人可成对手,均被高部降至让两子,且让两子局也胜少负多。此后,实力远在高部道平之上的广濑平治郎、濑越宪作、加藤信、铃木为次郎,以及日本棋坛的最强者本因坊秀哉名人等日本棋手先后受邀访华,经过对弈、观摩,中国棋界痛感差距之大,开始接受日本围棋理论,逐步废除限制布局多样化的座子制。

在中国围棋遭遇"千年未有之变局"时,"师夷长技"成了有识之士的共同心愿。受到日本围棋强烈冲击的中国棋界迅速转型,顾水如、吴清源等几代年轻棋手先后赴日留学,报刊出版界也受到了较大影响。在这一阶段,中国的围棋出版界将目光投向了东方的岛国,中国围棋界终于开始"开眼看世界",将日本的高手棋谱、围棋定式、布局理论翻译出版,形成了一股"日本书刊译介"的潮流。《东瀛围棋精华》《日本第一国手围棋谱》《丈和弈谱》《新桃花泉》《围棋布局要则》等译著,均在此时问世。

中国围棋著作中也有别具特色的图书出现,黄俊著

图5-26　木雕四条屏·琴棋书画

图5-27　清·禹之鼎《闲敲棋子图》

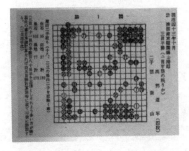

图5-28　高部道平与张乐山对局谱

有《弈人传》,将唐尧至清末五百余位与围棋有关的人物一一加以考订,描述他们的生平事迹、棋艺造诣,构成了以人为主线的一部围棋史。署名徐去疾的《围棋入门》是中国人自己撰写的最早的围棋入门书,先后以意大利文、英文、法文出版。1929年上海文明书局出版中文版。该书兼重围棋技术与文化知识,颇具民国时代新色彩。

图5-29 《东瀛围棋精华》书影

图5-30 《弈学月刊》第1期目录

民国时期,"围棋杂志"这一新生事物出现在大众视野,其中以1922年诞生于成都的《弈学月刊》和1937年创刊于上海的《中国围棋月刊》较为著名。《弈学月刊》由清末民初的棋谱编纂大家邓元鏸发起,每期刊载中国围棋古谱、古代围棋文学作品,趣味栏目则充分体现了传统社会的"雅玩"风尚,有"弈人名对"、围棋谜语、嵌字诗等。《中国围棋月刊》则以中、日一线对局为主,邀请知名棋手撰写棋评,其他主要栏目有定式剖析、入门讲座、死活题、围棋掌故、读者信箱等,这一办刊模式今天仍在沿用。从《弈学月刊》到《中国围棋月刊》内容的变迁,充分反映出中国棋界在民国时期的观念转型。

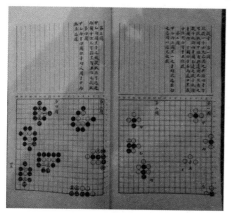

图5-31 《中国围棋月刊》入门讲座

由于民国时期政局动荡,外寇入侵,《弈学月刊》出版一年后难以为继,《中国围棋月刊》也在刊行七期后被迫停刊。这是近现代中国围棋踟蹰前行的一个缩影。

二、民国名手

受限于战乱频繁的时局,民国棋手生计艰难,难以靠棋为业。民国初期,一度执掌北洋政府最高权力的段祺瑞在北京、天津等地,财界名人张澹如在上海,凭借个人爱好招揽棋客,资助围棋国手,出版围棋图书,筹集日本棋手访华酬金,起到了存续近现代中国围棋火种的作用。二人也被并称为"南张北段"。

与段祺瑞相交最深的民国棋手为顾水如,1914年,顾水如自上海北上,与高部道平多次交手,被誉为"中国第一棋士",长期成为段祺瑞府上的"棋顾问"。1927年,顾水如曾南下与张澹如府上的"南方棋界第一人"王子晏交手,二人号为"南王北顾"。20世纪30年代,"桐城大将"刘棣怀崛起。1935年,顾水如随段祺瑞至上海,在南京的"京沪埠际杯"对抗赛中与刘棣怀1:1打成平手,"南刘北顾"声名鹊起。1937年,刘棣怀在南京成立"南京围棋社",明末清初国手过百龄的玄孙过惕生在北京发起"北平围棋会","南刘北过"的称谓又响彻

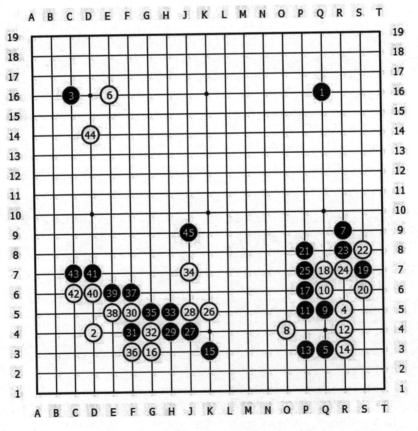

图5-32　1948年"刘过六番棋"第三局过惕生(黑)对刘棣怀(1-45)

一时。

1936年段祺瑞病逝，时人记载，顾水如"段归道山后，颇有知己难逢之感"。此时张澹如早已事业破产，民国棋手境遇更加低落，大部分时间只有在茶馆、棋社中靠下彩棋为生。抗日战争全面爆发之后，围棋活动基本无法进行，刘棣怀所设想的"全国围棋大比赛"也成为泡影。两位民国棋手的代表在战乱时期辗转多地，直到抗战胜利后，"南刘北过"之间的对决才在上海展开。1948年下半年，过惕生在六番棋大战中取得了3胜1和2负的战绩，将棋份追为与刘棣怀分先对抗。

刘棣怀下棋依靠计算力，战力强大，过惕生则受日本围棋理论影响，行棋重视棋理。第三局中，执黑的过惕生并不执著角上小利，不惜落后手在右下角构筑外势，当刘棣怀开始施展他的治孤绝技时，过惕生在左下再次放弃大量实地，黑45凌空一镇，借攻击之利取得了全盘的胜势。

在段祺瑞资助过的棋手中，生于福建，长于北京的吴清源走出了一条与民国棋手截然不同的道路。受父亲启蒙，自学成才的吴清源成为中国北方棋坛第一人后，1926年、1927年先后受三子、受先击败日本职业棋手岩本薰、井上孝平，1928年受日本棋坛名宿濑越宪作之邀举家东渡日本，十四岁的他开始了征战日本棋坛，直至击败同期所有高手，无敌于日本的传奇历程。

第三节 当代兴盛

一、复兴之路

1949年，中华人民共和国成立。中国围棋在政府主导、领导人的提倡下开始走上了复兴之路。经民主人士李济深、章士钊等人提议，毛泽东、周恩来批准，1952年4月，北京棋艺研究社正式成立。受此影响，上海、江苏、四川、浙江、

图5-33 陈毅副总理与过惕生(左)、刘棣怀(中)切磋棋艺

广州等省市陆续成立围棋组织。中国围棋走出了百年动荡,看到了新生的曙光。

陈毅元帅是老一辈革命家中提倡围棋活动的代表人物。陈毅元帅热爱围棋,在抗日战争硝烟弥漫的环境中,他依然随身携带围棋,利用间隙时间对弈。担任上海市长之后,陈毅为居住在上海的民国国手顾水如、王幼宸、刘棣怀、魏海鸿等安排了文史馆等工作,保障了棋手的生活。

1956年,围棋成为新中国的体育项目。同年年底,国家体委举办"全国围棋表演赛",这是长达几千年的中国围棋史中首次出现的国家级围棋大赛,过惕生以全胜的成绩夺得冠军。1957年,第一届全国围棋锦标赛正式开战。由来自全国各地34个市的棋手分区预选,经沈阳、西安、武汉、上海四个赛区决出九名棋手,在上海进行决赛。过惕生再获冠军。1959年,围棋首次进入全国运动会,年已62岁高龄的刘棣怀位居第一。1962年,全国围棋赛移师安徽合肥。大会期间,中国围棋协会正式成立,陈毅副总理出任名誉主席,国家体委副主任李梦华担任棋协主席。

1960年,陈毅元帅提出了"国运盛,棋运也该盛"的著名论断。同年,在陈毅与日本参议员村松谦三的共同发起下,日本棋界组成了访华围棋代表团。日本棋界对此行极为重视,由致力于中日友好的日本围棋名宿濑越宪作担任团长。此时的中国围棋还处于起步阶段,远不能与日本抗衡。日本围棋代表团在北京、上海、杭州与中国棋手让先共弈三十局,以民国老棋手为主力的中方完全不敌,以2胜1和27负的

图5-34 1963年周恩来、陈毅接见日本围棋代表团

第五章 千年棋脉：中国围棋的源与流

大差惨败。

1961年，日本围棋代表团再次来华。此次来访实力档次明显降低，不仅没有九段棋手，还包括女棋手伊藤友惠和两位业余棋手菊池康郎、安藤英雄。但即使这样，中方在分先黑贴两子半的对局棋份下依然只交出5胜1和34负的惨淡答卷。五十四岁的伊藤友惠面对"南刘北过"在内的中国棋手八战全胜。

图5-35　1963年陈祖德(右)胜杉内雅男

1962年，由李梦华任团长，过惕生、黄永吉、陈祖德、张福田、陈锡明组成的中国围棋代表团首次访日，与众多日本高手

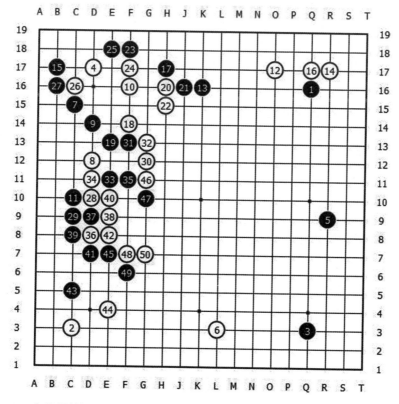

图5-36　1965年陈祖德(黑)对岩田达明第一谱(1-50,黑贴两子半)，在棋盘右侧，陈祖德落下了他引以自豪的黑1、3、5"中国流"

交流棋艺。经过集体训练等准备,从比分上看,中国棋手有了一定进步,陈祖德更以个人4胜3负的成绩广受瞩目。

1963年,周恩来、陈毅亲自接见了杉内雅男任团长的日本围棋代表团。杉内雅男、宫本直毅分别代表日本棋院、关西棋院授予陈毅名誉七段的荣誉证书。1963年9月27日,陈祖德受先半子击败日本杉内雅男九段。1965年10月25日,陈祖德又分先执黑五子战胜岩田达明九段,实现了中国棋手对日本九段胜绩零的突破。

陈祖德在1964年、1966年的两届全国围棋赛中均力压吴淞笙夺冠。但在"文化大革命"除四旧的声浪里,各项围棋活动全部中止。

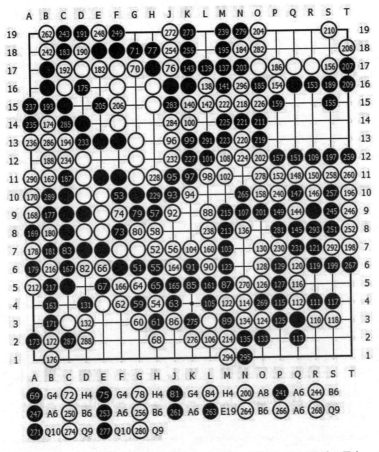

图5-37　1965年陈祖德(黑)对岩田达明第二谱(51-296,黑胜5子)

第五章　千年棋脉：中国围棋的源与流

中日邦交正常化后，1973年，中日友好协会会长廖承志亲自率领55人代表团访日，与日本各界进行友好交流，团员中包括围棋棋手陈祖德。日本棋界选择了用友谊对局的方式来迎接陈祖德。以此为标志，中日围棋交流开始了一个新的阶段。但由于"文化大革命"的严重影响，中国棋手的实力不进反退，面对1973年的日本访华团，中方在"中日围棋友谊赛"中以14胜2和40负告负。

1974年，日本关西棋院代表团访华，坐镇一台的宫本直毅九段六战不败。在最后一轮比赛中，新中国第二代领军棋手聂卫平主动请战，战而胜之，这局棋确立了聂卫平在中国棋界的地位。1976年，聂卫平坐镇一台访问日本，"聂旋风"真正震动了日本棋坛。日本大棋战冠军获得者藤泽秀行天元、石田芳夫本因坊相继负于聂卫平，中国女杰孔祥明对日本女棋手更是七战全胜。七轮战罢，中方以27胜5和24负的成绩首次战胜了日方。

经过随后几年的拉锯战，到了1982年，以新一代中国国手组成的访日团（聂卫平、马晓春、曹大元、杨晋华、江鸣久、江铸久、钱宇平、芮乃伟）以43胜13负大胜日本以中坚棋手为主（日方最后一次派出业余棋手应战）的阵容，女将芮乃伟复制了孔祥明七战全胜的佳绩。这昭示了中国围棋在一线棋手厚度上已经不逊于日本。1984年，日方主动提出，由于目前中日围棋实力大幅接近，将"中日围棋友谊赛"的名称改为寓意着真刀真枪对决的"对抗赛"。

1982年，中国国家体委正式推行中国围棋段位制度，3月17日举行段位证书颁发仪式，授予聂卫平、陈祖德、吴淞笙九段，王汝南、华以刚八段，黄德勋、沈果孙、罗建文七段，孔祥明六段，何晓任五段。之后进行升段赛，这一段位制度沿用到了今天。

二、走向世界

尽管新中国成立，特别是"文化大革命"结束以来，以和日本不同档次棋手的交手成绩为衡量尺度，中国围棋的竞技实力已经有了奇迹般的飞跃，但对于20世纪80年代前期的中国棋手来说，日本最顶尖的棋手群，即所谓"六大超一

图 5-38 第一届中日围棋擂台赛最终局聂卫平(右)胜藤泽秀行

流"林海峰、大竹英雄、加藤正夫、武宫正树、小林光一、赵治勋,仍然高不可攀。日新月异的中国棋手需要一个新的舞台来挑战这些日本高手,中日围棋擂台赛也就应运而生了。

1984年10月16日,日本NEC公司出资冠名的中日围棋擂台赛拉开战幕,这是深刻改变了中国围棋历史走向的一项赛事。在赛前,很少有人看好中国队在擂台赛上的前景。首届中日围棋擂台赛日方阵容豪华,但中方擂台英雄江铸久连胜依田纪基、小林觉、淡路修三、片冈聪、石田章五位日本高手,震惊棋坛。不过"超一流棋手"实力的确非凡,小林光一出场连续击败江铸久、邵震中、钱宇平、曹大元、刘小光、马晓春,中国队只余主将聂卫平一人。

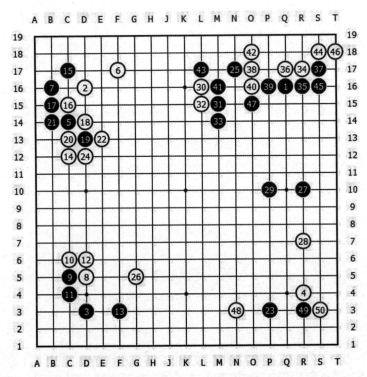

图 5-39　1985年8月27日聂卫平(黑)对小林光一第一谱(1-50,黑贴五目半)

第五章 千年棋脉：中国围棋的源与流

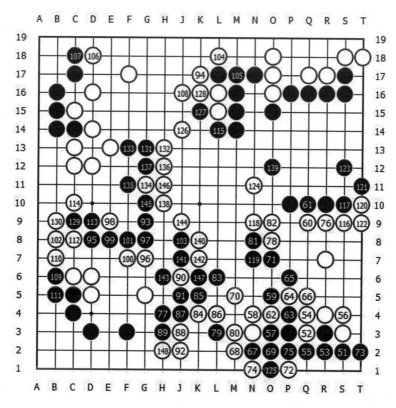

图5-40　1985年8月27日聂卫平(黑)对小林光一第二谱(51-148)

逆境之下，面对日方三位超一流高手，聂卫平展现出了他的大将之风。东渡攻擂击败小林光一，又弈出一盘名局将加藤正夫打下擂台。1985年11月20日，聂卫平击败日本队主将藤泽秀行，中国取得第一届中日围棋擂台赛的胜利，也由此引发了中华大地的围棋热潮。

在聂卫平挑战小林光一的对局中，聂卫平考虑到小林光一偏好实地的求稳棋风，执黑主动布下战斗型的对角布局，并快速捞取实地，逼迫对手走向中腹。漫长的收束战小林光一稍占优势，聂卫平见形势不利黑139抢空，小林光一在读秒声中走出了白148的败着，聂卫平惊险取胜，从此开启了他擂台英雄的传奇。

第二届中国队面临的形势更为艰苦，此次是日方小林觉的五连胜将中国队逼入困境。待到聂卫平出场时，日方还有片冈聪、山城宏、酒井猛、武宫正树、大竹英雄五位高手。在中日围棋擂台赛上达到巅峰实力的聂卫平不负众望,将自身独特的棋艺、风格发挥得淋漓尽致,一举实现了五连胜的丰功伟业。

经过擂台赛的锤炼,中国棋手的整体实力又有提升。第三届中日围棋擂台赛双方呈拉锯战状态,比分交替上升,最后中方主将面对的只有日方主将加藤正夫一人。聂卫平在击败加藤正夫之后,成为三届擂台赛中方"铁门"。1988年3月26日,中国围棋协会特别授予了聂卫平"棋圣"称号。

连遭三届失利的日本队在第四届打出了一场翻身仗,先锋依田纪基连胜六场,直接坐到了中国队主将的面前。再次身负重压的聂卫平再显神威,力挫依

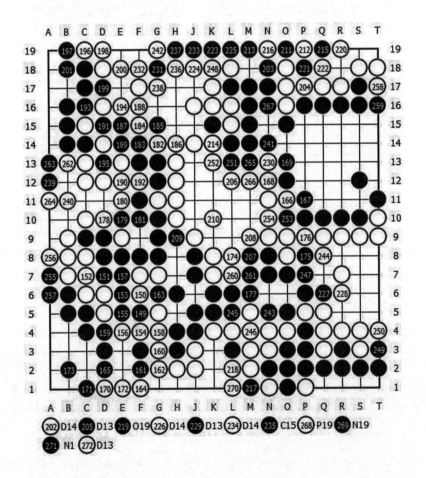

图5-41　1985年8月27日聂卫平(黑)对小林光一第三谱(149-272,黑胜两目半)

第五章　千年棋脉：中国围棋的源与流

田锋芒，并顺利击败淡路修三，实现了个人擂台赛十一连胜的伟业。不过毕竟接近中年，由于身体等原因，开始在棋盘上出现一些匪夷所思的失误。1988年12月8日，日本队中此前并无显赫战绩的羽根泰正等到了聂卫平的"昏招"，一举逆转。

此后，中日围棋擂台赛还举行了七届，双方互有胜负。到了1995、1996年，聂卫平的弟子常昊在中日围棋擂台赛上成长起来，他在第十届擂台赛五连胜几乎一锤定音，第十一届六连胜一举终结比赛。后来，常昊还分别终结过中韩擂台赛以及三国擂台赛。"擂台英雄"这一美誉，就这样在师徒二人的身上传承下来。

图5-42　中日围棋擂台赛最终局常昊（右中）胜大竹英雄

1988年，以聂卫平的神勇发挥终结三届中日围棋擂台赛，中国围棋的实力已经能与日本围棋一争为背景，中日两国赞助的两项世界围棋个人锦标赛——应氏杯与富士通杯开赛。参加这两项比赛的除了中日两国，还有来自韩国、美国，乃至代表欧洲、大洋洲地区的选手。

应氏杯是中国台湾企业家应昌期以一己之力创办的世界大赛，冠军奖金高达40万美元。影响力非凡的应氏杯开启了韩国围棋的霸业，参加首届应氏杯的韩国棋手仅有曹薰铉一人，但他连续击败小林光一、林海峰等高手，五番棋决赛以3:2的比分逆转聂卫平夺冠。

图5-43　曹薰铉夺得应氏杯冠军

载誉而归的曹薰铉在韩国受到了民族英雄般的欢迎，如同中日围棋擂台赛上的聂卫平，夺得应氏杯的曹薰铉也在本国掀起了围棋热潮。1990年，韩国棋界将国内比赛东洋证券杯改为世界大赛。东洋证券杯是另一位韩国围棋天才的正名地，1992年1月17日，不满17岁的李昌镐在东洋证券杯决赛中击败林海峰夺冠,这是迄今为止无人可以打破的最年少围棋世界冠军纪录。世界棋坛由此开始了"三足鼎立"时代。

1995年,中国围棋终于迎来了历史突破。马晓春、聂卫平包揽第6届东洋证券杯冠亚军,马晓春亦在第8届富士通杯决赛中击败曾经的"苦手"小林光一夺冠,成为当年世界棋坛唯一的"全冠王"。

富士通杯夺冠谱堪称马晓春灵动诡魅围棋思维的杰作。当棋局进行了漫长艰苦的近两百手争夺时,左下一块决定胜负的大劫即将引爆。但此时马晓春却"脱离主战场"的弈出了黑199碰的鬼手。事实证明,这手棋可谓草蛇灰线,伏延千里,是一步鬼魅的伏兵。有此一步,黑方已奠定胜局。马晓春在国内赛场同样成绩骄人,1989年至2001年,马晓春在中国名人战中"十三连霸",创造了前无古人的中国棋战纪录。

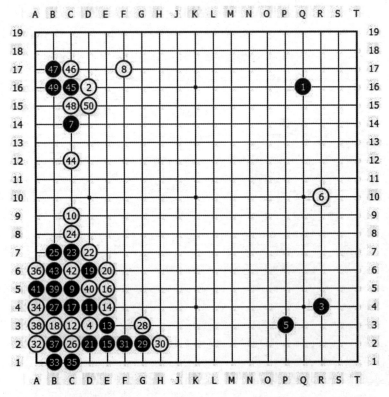

图5-44　1995年8月5日马晓春(黑)对小林光一第一谱(1-50,黑贴五目半)

第五章 千年棋脉：中国围棋的源与流

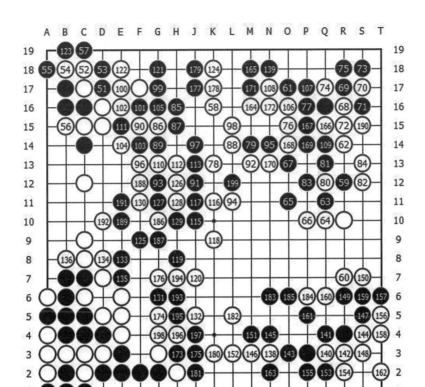

图 5-45　1995 年 8 月 5 日马晓春（黑）对小林光一第二谱（51-199）

1996 年，韩国相继创办 LG 杯、三星杯，参赛范围日益扩大。但马晓春 1996 年至 1999 年与李昌镐三次世界决战失利后，无人再能阻挡李昌镐成为棋界霸主。1996 年至 2005 年，世界棋坛由李昌镐一人独霸。十年间，中国棋手仅有俞斌在 2000 年夺得一项世界冠军 LG 杯。自 1991 年起，韩国围棋在三国擂台赛中十六年不败；而 2000 年至 2003 年，韩国棋手更创下了世界大赛十四连冠的纪录。

1992 年，中国棋院成立，陈祖德出任首任院长，此后推行职业棋手等级分制度，中国围棋各项事业开始走向职业化。1999 年，脱胎于全国团体赛的中国围棋甲级联赛创办，这一赛事顺应了中国体育市场化、商业化的历史潮流，为开拓围棋市场,培养后备棋手做出了巨大的贡献。

进入21世纪,受到韩国围棋实战理论的冲击,围棋技术又发生了新一轮革新。守旧的日本围棋渐渐式微,长期由国家队模式培养棋手,进行集体训练、研究的中国围棋则迎来了新世纪的复苏。2005年3月5日,常昊在第5届应氏杯决赛中击败韩国棋手崔哲瀚,标志着世界棋坛逐渐形成了中韩对抗的新格局。2006年1月13日,与常昊同为"龙辈"棋手的罗洗河在第10届三星杯决赛打破了李昌镐决赛对外不败的神话。2009年,中国新一代领军棋手古力连夺三项世界大赛冠军。此后,孔杰、朴文垚、江维杰等中国棋手也陆续成为围棋世界冠军。

2009年古力与李世石在第13届LG杯决赛三番棋中的对决,被媒体誉为

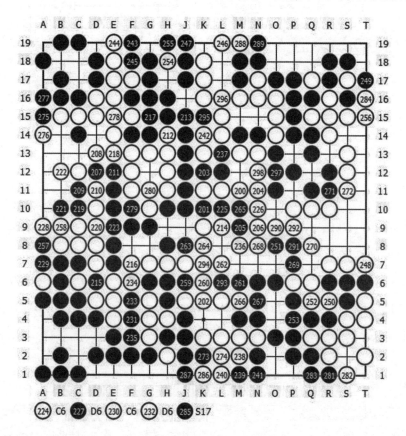

图5-46　1995年8月5日马晓春(黑)对小林光一第三谱(200-298,黑胜七目半)

第五章　千年棋脉:中国围棋的源与流　137

"四千年一战"。李世石作为后李昌镐时代世界棋坛的霸主,在此时受到中国顶尖棋手古力的强烈挑战。第二局充分体现出当代围棋追求效率,搏杀凶猛,思维开阔,计算力深度、强度远超前人的特色,如白46强行逃出孤子,黑79极具视觉冲击力的碰,白118不甘被利强硬反击,导致局面异常复杂等。最终古力巧妙做活超级白龙,以2:0的比分取得了此次比赛的胜利。

图5-47　常昊(左)获得应氏杯冠军

中韩对抗的棋坛大势一直延续到2012年。2013年,在网络信息化时代中成长起来的中国围棋"九零后"棋手(生于1990年之后),以"青春风暴"彻底倾

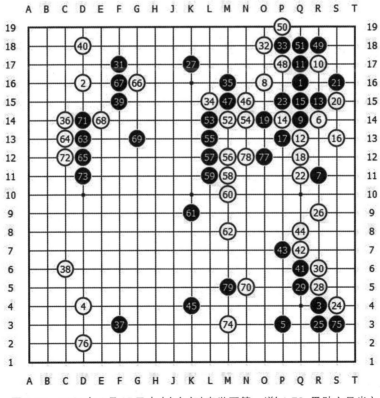

图5-48　2009年2月25日古力(白)对李世石第一谱(1-79,黑贴六目半)

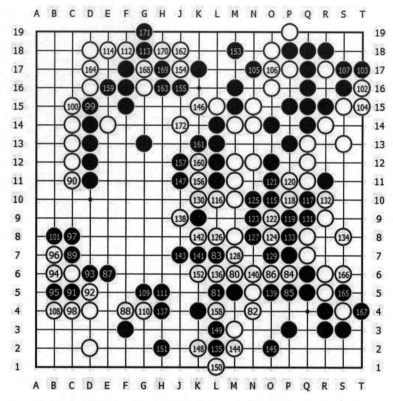

图5-49 2009年2月25日古力(白)对李世石第二谱(80-172,白中盘胜)

覆了旧有的世界围棋格局。2013年全年共诞生百灵杯、LG杯、应氏杯、春兰杯、梦百合杯、三星杯六项世界冠军,六个冠军分别被中国棋手周睿羊、时越、范廷钰、陈耀烨、芈昱廷、唐韦星所获,这是自1988年以来世界棋坛从未发生过的包揽事件。从清末民初中国围棋陷入史上最低谷起,中国围棋人经过百年的不屈奋斗,终于使世界围棋中心回到了它的出生国。

三、围棋文化兴盛

受到时代大潮的影响,当代围棋越来越呈现出多元化的面貌。以职业棋手、顶尖比赛为主干,业余围棋赛事日渐繁荣。晚报杯、黄河杯、商业杯、陈毅杯

第五章 千年棋脉：中国围棋的源与流

等业余大赛鳞次栉比，涌现出孙宜国、刘钧、李岱春、胡煜清等众多业余高手。

在爱好围棋的文人名流中，将围棋写入自己风靡一时的武侠小说《笑傲江湖》《碧血剑》《天龙八部》等作品中的金庸，对围棋十分痴迷。《天龙八部》中创造的"珍珑棋局"概念，也引发了棋界的很多猜想。

在围棋成为竞技体育的一部分时，它的文化内涵、文化意义，也被有心人探索、挖掘。与围棋有关的文化盛会的举办，成为近年来的一股潮流。2001年8月，贵阳国际围棋文化节在贵州贵阳开幕。开幕式上，有4002名棋手组成庞大棋阵，共弈2001盘棋。亲临现场的围棋宗师吴清源当中落子，宣布文化节正式开始。

在贵阳围棋文化论坛上，到场的各位名流贤达，如著名武侠小说家金庸，中国国手陈祖德、聂卫平，台湾应氏集团总裁应明皓，作家吴启泰，教授何云波，企业家蔡绪锋等……各行各业的优秀人物将他们对围棋的感悟畅所欲言，充分体现了围棋的智慧与普适性。

贵阳国际围棋文化节的模式被各地继承，2007年，山西晋城举办"棋子山国际围棋文化节"，文化论坛邀请围棋名人登台讲座，职业赛事邀请三国元老、世界冠军展示技艺。还有游览围棋发源地棋子山，箕子像揭幕仪式等极具地方特色的内容。

2009年2月29日—30日，广州棋院主办了首届中国广州国际棋文化峰会，围棋、象棋、国际象棋界棋手、专家学者汇聚一堂，共商推动棋文化发展大计。会后还出版了《中国广州国际棋文化峰会文集》。2014年11月22日，由广州棋院主办的第二届中国棋文化峰会在阳江海陵岛举行，三棋进课堂成为该次峰会的主题。

2013年起，中国棋院杭州分院举办"杭州国际棋文化博览会"，以文化为轴，辅以各项竞技赛事。以后每年一届。博览会在

图5-50　贵阳围棋文化节"围棋之道名人论坛"，右起金庸、陈祖德、吴启泰、何云波

图5-51 中国围棋博物馆一楼综合展厅内景

中国围棋博物馆进行,中国围棋博物馆将34层的杭州天元大厦当作一个大博物馆,融棋文化于展览、办公、宾馆等各个部分,集展陈、实用于一体,创造了博物馆的新模式。博览会的重头戏是"中国杭州国际棋文化峰会",国内外众多学者在会上为棋文化的发展建言献策,提出各种意见,体现了新时期围棋发展竞技、文化两翼并举的时代特征。

拓展阅读:

《超越自我》,陈祖德著,人民文学出版社,1986年。

《当湖十局细解》,陈祖德著,蜀蓉棋艺出版社,1987年。

《我的围棋之路》,聂卫平著,薛圣诚整理,蜀蓉棋艺出版社,1987年。

《围棋古谱大全》,盖国梁等编集整理,上海古籍出版社,1994年。

《中国围棋史》,张如安著,团结出版社,1998年。

《中国围棋史》,蔡中民、赵之云等著,中国统计出版社,1999年。

《中国围棋五十年风云》,刘骆生著,人民体育出版社,1999年。

《弈坛春秋:从冠亚军争霸三十年探中国围棋的发展》,王汝南著,人民体育出版社,2011年。

《图说中国围棋史》,何云波、杨烁著,书海出版社,2015年。

第六章

围棋的国际传播

　　围棋产生于中国,在其发展过程中逐渐向周边国家和地区传播,其后又流传到世界各地,形成了一个以中国为圆心,不断向外辐射的传播方式。在古代,围棋的传播大致可分两条途径:一路是向东,经由朝鲜半岛,再传到日本;一路是向西,经丝绸之路,传到汉以外的少数民族地区及中亚、南亚各国。当然,这种围棋交流又不完全是单向的。当一些国家和地区接受了围棋,他们又对围棋加以改造、变异,在西藏、锡金等地出现了藏棋,而日本更将围棋发扬光大,使其完成了从古典到现代围棋的转变,反过来又影响、促进了围棋在其故土的转型。这种文化传播、影响与接受、反刍,形成一种文化互动,乃是围棋交流也包括整个文化交流中的普遍现象。

第一节　围棋的西游与东传

一、围棋西行：丝绸之路上的围棋

"丝绸之路"是20世纪初叶以前沟通亚欧非大陆的主要交通路线的统称，自古以来，东西方的一切经济文化产物都经这些通道进行传播。由于其中最著名的产品是丝绸，故名之曰"丝绸之路"。"丝绸之路"作为亚欧大陆上的大动脉，是东西方文化的桥梁，促进了美索不达米亚文明、埃及文明、花刺子模文明、印度文明、中华文明等各地文化的交流、融合和提高。

围棋开始沿丝绸之路向西传播的时间，并无确切的文献资料。但在两晋南北朝时期的汉译佛经中，就有不少"博弈"的记载。不过，记载围棋的《维摩诘经》《阿含经》等佛经成书于我国先秦至西汉时期，此时围棋基本局限于中国黄河中下游一带，很难流传至印度，汉译佛经中的"博弈"应是译者的本土化翻译。这一点可从印度高僧鸠摩罗什在东晋时期来华，成为著名弈僧的经历中找到佐证。

唐代中外使节交往频繁，经济、文化联系密切，都城长安成为亚洲最繁荣的国际都市。随着唐代文化、丝绸、陶瓷等制品的西传，围棋也逐渐越出国界，在丝绸之路上以敦煌为中心的地区最为盛行，著名的北周写本《碁经》就是发现于敦煌莫高窟藏经洞中。五代时开凿的安西榆林窟有一幅下围棋图，桌上摆有棋盘，直17路，落有十多枚棋子，真实地记录了当时敦煌地区人民下围棋的场面。

1972年，在新疆吐鲁番阿斯塔娜唐墓中，出土了一幅名为"围棋仕女图"的绢画。画的是一位贵族妇人，身着红缎团花

图6-1　安西榆林窟下围棋图

第六章 围棋的国际传播

斜领长裙,宽袖,腰束黄底绿花彩带,头梳天宝髻,扎一朵红色小花,端坐棋盘一边,面前摆有一个木制围棋盘。这位贵妇人在宁静沉思,观察棋局,右手食、中二指夹子,准备落子。绢画随葬说明墓中人生前是围棋爱好者,死后家人为纪念她生前的爱好,才画绢入墓。这一绢画,充分说明了唐代丝绸之路上围棋的盛况。围棋这一中华艺术瑰宝,正是沿着这条"文化交流之路"逐渐传入亚欧各国。

丝绸之路一路穿过帕米尔高原南部,到达印度。古代羌人和其他外来民族在青藏高原上建立了吐蕃王朝,公元7世纪前期,松赞干布统一吐蕃,迁都拉萨。公元641年,文成公主入藏,中西交通又

图6-2 唐·《围棋仕女图》

有了一条新通道——中印藏道,这成为中、印双方往返的主要途径。709年,金城公主远嫁吐蕃。两位公主在出嫁吐蕃的同时,使吐蕃文明与唐朝文化广为交流。围棋或许就在此时传入西藏,后又流传到尼泊尔、锡金、不丹等地。

在西藏地区,出现了一种名为"密芒"的藏棋。藏棋与围棋不乏相似之处,但也存在明显不同。藏棋棋盘为纵横各十七路,白棋先行,置有十二枚固定座子。在具体的行棋规则上,要求凡遇对方提掉自己一子或数子时,既不允许立即点入己方刚被提掉子的地方去点死对方的一块棋,也不允许刚刚被对方提过子的地方"扑"进去反叫吃或反杀对方数子,而必须先在别处走一手(类似寻一劫材),待对方应后才可继续行棋。

图6-3 "强巴米久林宫殿"遗址出土石质密芒棋盘

二、围棋东传:围棋传入朝鲜半岛、日本

围棋自中国向东传播,一个重要的途径就是朝鲜半岛。朝鲜不仅最早接受了中国围棋,也是中日文化交流,包括围棋交流的重要纽带。

中国古籍关于古朝鲜的记载,以"箕子东走"最为著名。箕子是商末著名贵族,殷纣王叔父,与微子、比干齐名,史称"殷末三贤",因反对殷纣王的暴虐曾被囚禁。周灭商后,箕子又不肯事周,遂退隐,后远走朝鲜。围棋起源的一种说法,即"箕子造棋说"。箕子是商末著名的卜筮学家,传说曾在棋子山隐居,根据天文历法创造围棋。"箕子东走"这一历史记载,为围棋传入朝鲜提供了源头上的某种可能。

朝鲜的围棋活动,最早见于朝鲜的史籍《朝鲜史略》,相传高句丽的长寿王巨琏打算攻占百济,派遣僧人道琳以围棋技艺获得百济盖卤王的信任,继而蛊惑百济王滥用民力,大修宫室、城郭、坟墓,以致百济仓廪虚竭,人民穷困。公元475年,高句丽王发兵攻占百济首都,百济王兵败被杀。

朝鲜围棋在中国的南北朝时期颇为兴盛,唐代学者纂修的史籍中开始对朝鲜围棋有了记载。如李延寿《北史·百济传》、令狐德棻《周书·百济传》均称"百济……尤尚弈棋",魏征领衔编修的《隋书·东夷传·百济》里也有"俗尚骑射,读书史,能吏事。亦知医药、蓍龟、占相之术。以两手据地为敬。有僧尼,多寺塔,有鼓角、箜篌、筝、竽、篪、笛之乐,投壶、围棋、握槊、摴蒲、弄珠之戏"的记录。

从这些史料中可以看出,在唐之前,朝鲜半岛以百济国的围棋风气最浓。就整体而论,朝鲜三国中新罗、高句丽的文化属于北朝体系,百济国的文化属于南朝体系。东晋南朝与百济都有通使往来,百济国围棋活动的盛行,显然是受到南朝鼎盛弈风的影响。

公元675年,新罗在唐王朝的帮助下统一朝鲜半岛。社会的统一与安定,为朝鲜与唐朝的文化交流、围棋的发展创造了更好的条件。737年,新罗王兴光卒,其子承庆继位。唐玄宗因新罗号称"君子国",文化发达,多擅围棋,特派精于儒家经典的鸿胪少卿邢璹为大使吊祭,阐扬经典,又以围棋高手杨季鹰为

副使,进行围棋交流。史书记载,杨季鹰在新罗无人能敌。

同时,新罗不断派遣留学生远赴唐都城长安。这些学生学习中国的经籍、技术,也有因一技之长而被大唐朝廷特聘,其中朴球就以客卿身份在长安任棋待诏多年。朴球归国时,进士张乔专门作《送棋待诏朴球归新罗》诗以送之:

> 海东谁敌手,归去道应孤。
> 阙下传新势,船中覆旧图。
> 穷荒回日月,积水载寰区。
> 故国多年别,桑田复在无。

图6-4 吉备真备与唐人对弈图

关于围棋传入日本的时间,比较流行的说法为:"围棋创自尧舜,由吉备公传来。"但吉备真备于公元717年随第九次遣唐使团来到长安留学,735年单独回国。据中日各种文献记载,此前围棋在日本已经相当流行。吉备真备应是一位从事中日围棋交流卓有成绩的先驱,而非把围棋介绍到日本的第一人。更大的可能是,围棋经朝鲜半岛为跳板,在南北朝时期便已传入日本。

唐代中日围棋交流有两次高潮,一为唐玄宗开元年间,一为唐宣宗大中年间。唐玄宗李隆基好棋,不仅与妃子、棋待诏下棋,也与外来的使节对弈。他曾多次与日本学问僧辨正切磋棋艺。现今藏于日本奈良正仓院的古棋盘,无比精美华贵,相传是8世纪时唐朝皇帝送给日本圣武天皇的礼物。

唐苏鹗《杜阳杂篇》记载,唐宣宗李忱大中二年(848年),日本国王子入唐,与中国国手、棋待诏顾师言进行了一次比赛:

图6-5 日本奈良正仓院收藏的紫檀棋盘

大中中,日本国王子来朝,献宝器音乐。上设百戏珍馔以礼焉。王子善围棋,上敕顾师言待诏为对手。王子出楸玉局,冷暖玉棋子,云:"本国之东三万里,有集真岛,岛上有凝霞台,台上有手谈池。池中生玉棋子,不由制度,自然黑白分焉,冬温夏冷,故谓之冷暖玉。又产如楸玉,状类楸木,琢之为棋局,光洁可鉴。"及师言与之敌手,至三十三下,胜负未决。师言惧辱君命,而汗手凝思,方敢落子,则谓之镇神头,乃是解两征势也。王子瞪目缩臂,已伏不胜。回语鸿胪曰:"待诏第几手耶?"鸿胪诡对自:"第三手也。"师言实第一国手矣。王子回:"愿见第一。"对曰:"王子对第三,方得见第二;胜第二,方得见第一。今欲躁见第一,其可得乎?"王子掩局而吁曰:"小国之一,不如大国之三,信矣。"今好事者尚有顾师言三十三镇神头图。

此事《旧唐书》也有记录。《宣宗纪》大中二年三月记有"日本国王子入朝贡方物,王子善棋,帝令待诏顾师言与之对手",可为佐证。

唐以后,中日文化交流逐渐走过了鼎盛期,中日围棋交流更趋于停滞。元明时期由于两国交战,及日本海盗(倭寇)作乱,中日关系又趋紧张。清朝政府实行闭关锁国政策,日本幕府政权也发布"锁国令",更隔断了中日之间的往来。这种人为的障碍比大海天堑的阻隔更彻底,中日围棋遂失去了相互沟通、互促互补的大好时机。

第二节 日本围棋与棋道

一、日本围棋的历史与现状

在日本平安时代(794—1192),围棋主要流行于贵族阶层中。除了天皇外,对弈的棋手多为作为知识阶层的僧侣和宫廷的女官。宽莲法师是日本围棋史上最早出现的名手,被尊称为"棋圣",相传他曾作围棋理论著作《棋式》献给天皇。《今昔物语》还有这样的故事:醍醐天皇召宽莲法师对弈,以金枕头作赌注,结果天皇输掉了金枕头,在宽莲法师的归途中,又派人袭击夺回。

日本现存最早的对局谱,是日莲上人与其弟子吉祥丸,于1253年弈于松叶谷草庵的一局棋。此谱初载于1829年出版的棋谱《古棋》,有人认为是后人伪托之作。值得注意的是,这局棋是日本现存的唯一采用"座子制"的对局,并且为五个座子。

日本围棋从古棋到近代围棋的变革从战国时代(1467—1575)后期始,经由安土、桃山时代(1576—1603),到江户时代(1603—1868)初期完成。这时也正是日本从中世到近世的转型,封建社会走向成熟的时期。

这时期具有划时代意义的棋手是第一代本因坊算砂。算砂原名加纳与三

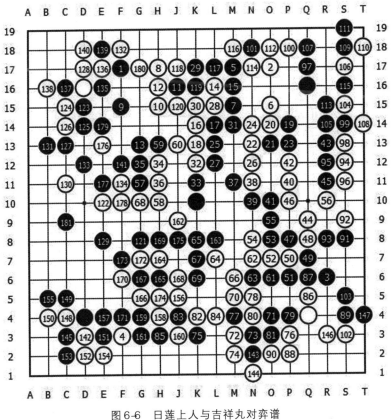

图6-6 日莲上人与吉祥丸对弈谱

图6-7 日本寂光寺

郎,为京都日渊上人弟子,法名日海,在京都寂光寺出家。著名武将织田信长听说日海棋力绝高,曾召其到营中对弈,被授五子仍不能取胜,从而尊称日海为"名人"。据日本安藤如意《坐隐谈丛》记载,1582年6月,日海与名手鹿盐利玄于京都本能寺弈出三劫循环,当日,织田信长被部下所杀,当日所弈之局遂成为著名的"本能寺三劫"之局。

"本能寺三劫"之局留有棋谱,但仅有128手。白棋优势明显,且盘上并无可以出现三劫循环之处,这一故事及棋谱的真伪至今仍无定论。

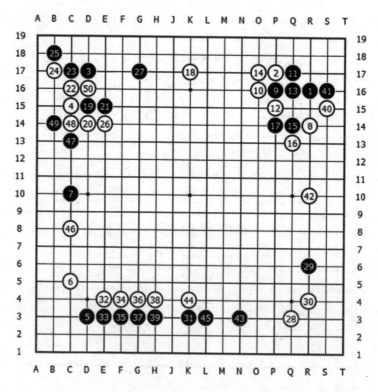

图6-8:"本能寺三劫"之局第一谱(1-50)

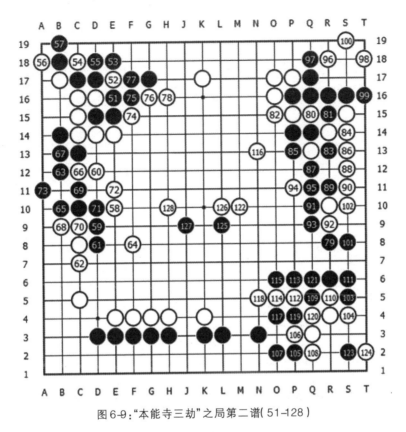

图6-9:"本能寺三劫"之局第二谱(51-128)

此后,日海得到丰臣秀吉看重,享受固定俸禄,改名"本因坊算砂",开本因坊一门。德川家康创立江户幕府后,设立"棋所",作为在寺社管理下的棋界管理机构,算砂被任命为首任"棋所"。在对"棋所"的争夺中,日本棋界逐步形成了本因坊、井上、安井、林四大围棋家族百年竞争的局面。

1626年,德川家康确立"御城棋"制度。每年11月17日,在江户城(东京)的统治者面前举行"御前比赛"。由七段以上的高手预先对弈,届时再在御前排开供将军观赏。这成了展现各大家围棋实力的最好机会。

元禄时代(1688—1704),在本因坊道策的主持下,确立了从初段到九段的"段位制",同时也确定了不同段位间对弈的规格。从而使棋手的棋力有了具体的评判标准,也使棋手间的比赛有章可循。九段即为"名人",日本围棋史上,从1603年德川家康设立江户幕府,到1940年,共产生了10位"名人"—一世本因坊算砂(1559—1623)、一世井上道硕(1582—1630)、二世安井算知(1617—1703)、四世本因坊道策(1645—1702)、四世井上因硕(1646—1719)、五世本因坊道知(1690—1727)、九世本因坊察元(1733—1788)、十二世本因坊丈和(1787—1847)、十九世本因坊秀荣(1852-1907)、二十一世本因坊秀哉(1874—1940)。

围棋门派的形成,"棋所"的设立,御城棋制、段位制等的确立,标志了围棋的职业化、制度化。棋手既有基本的生活保障,又形成了平等竞争的氛围,从而使日本围棋获得了飞速的发展。

江户时代,日本围棋进入繁荣时期,四大家竞争激烈,棋界名手辈出。四世本因坊道策真正使棋艺实现了革命性的飞跃,道策之前的棋手,大多属于好战派,行棋不够自然。道策则开创了新型的更具现代意识的棋风:布局流畅,大局

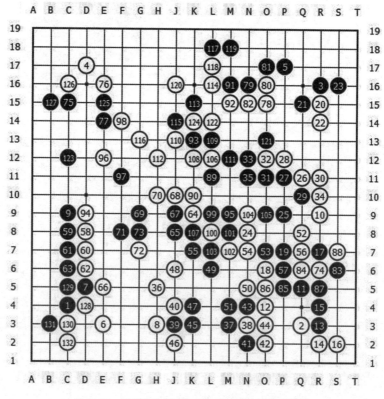

图6-10　道策(白)与井上道砂因硕(黑)对弈谱

感好;中盘行棋张驰有度,更具柔韧性;官子清晰。如道策与井上道砂因硕一局(图6-8,图6-9,图6-10):

　　这局棋弈于1683年,因白方具有现代布局感觉而闻名。白10不守角而拆边,为道策首创。白12飞至黑17拆,与现代"中国流"布局攻防相同。当白方形成强大势力后,其攻击战法也颇具现代感。白58至66声东击西,此后一直把握攻击的分寸感,不给对手反扑之机。局势明朗后,白方官子收束思路非常清晰。本局白棋胜得堂堂正正,不愧为名局。

　　在道策之后,日本棋界先后出现了丈和、秀策两位绝代高手,三人被并称为"棋圣"。秀策执黑与幻庵因硕在1846年的一盘对局中,弈出黑127一石三鸟,既扩张上边黑势,又限制右边白势,还呼应了下边孤子的好手,令对局时的幻庵因硕红了耳朵。虽然此时局面尚早,但有观战者据此判定黑棋必胜,此手也被

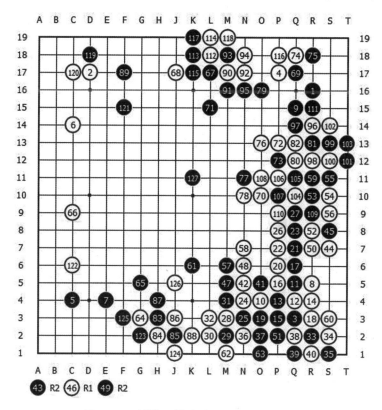

图6-11　秀策(黑)与幻庵因硕(白)对弈谱

誉为"耳赤之妙手"。

明治维新使日本进入到明治时代(1868—1911),这是日本由封建社会进入资本主义社会的转型时期,传统文化受到冲击。政府无力顾及围棋,四大家沿袭二百余年的俸禄被取消了,围棋赖以生存的根基不复存在。

面对围棋的衰微,棋界一批有志之士为弘扬棋道,重新组织了棋艺研究会。1879年,村濑秀甫、中川龟三郎等发起、创办了新型的围棋社团"方圆社"。方圆社独自主办比赛,发行段位证书,出版机关杂志,指导业余棋手,形成了与本因坊一门对峙的局面。

大正时代(1912—1925),围棋界继续酝酿着变革。一方面,新闻媒体开始介入围棋,各大报纸均开辟围棋专栏,连载棋谱。围棋的专刊和单行本也陆续刊行,给棋界带来一派生机。另一方面,雁金准一、铃木为次郎、高部道平、濑越宪作等棋手脱离方圆社结成"裨圣会",裨圣会一切对局采用分先方式,规定对局时间,超时判负。这些变革意味着围棋开始打破森严的等级制度,向平等、公正的现代竞争原则靠拢,在当时因循守旧的棋界具有划时代的意义。

1923年关东地区发生大地震,三家院社均元气大伤。财阀大仓喜七郎提议本因坊、方圆社、裨圣会三家合作,给予经济支持重建棋界。在此背景下,1924年日本棋院宣告成立,政治家牧野伸显出任首任总裁,这是围棋体制又一次具有革命意义的变革。

1928年,在濑越宪作的运作下,中国天才少年吴清源赴日,成为职业棋手后迅速成为挑战日本围棋权威的力量。吴清源与铃木为次郎的弟子木谷实结为好友,共同研究推出了打破固有日本围棋局限于角地的理论,向边与中腹快速展开的"新布局"。1933年10月23日,吴清源在"名人胜负棋"中执黑面对本因坊秀哉弈出了"三三、星、天元"的开局,震惊棋界,推动了围棋技术的极大发展。

这盘棋中,虽然执白的秀哉行棋老辣,招法凶狠,但吴清源执黑不贴目的优势一直稳稳保持。不过本局采用的仍然是日本传统的对"上手"有利的"打挂

第六章 围棋的国际传播 153

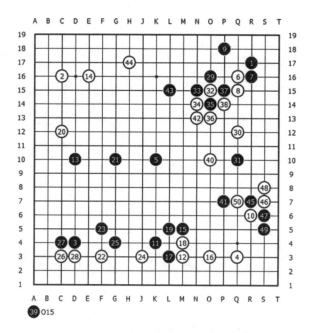

图6-12 "名人胜负棋"吴清源(黑)对本因坊秀哉第一谱(1-50)

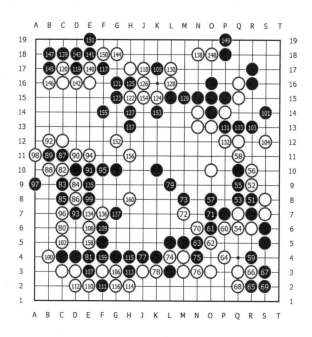

图6-13 "名人胜负棋"吴清源(黑)对本因坊秀哉第二谱(51-160)

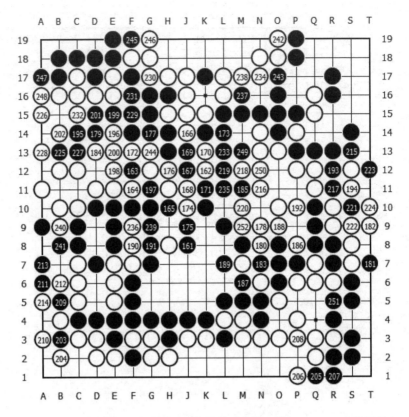

图6-14:"名人胜负棋"吴清源(黑)对本因坊秀哉第三谱(161-252,白胜两目)

制",秀哉可以随时提出封盘,闭门研究,同期吴清源还需参加各种比赛。这盘棋足足进行了三个月,1934年1月15日,秀哉在黑棋空中落下了被称为"世纪妙手"的白160,最终以两目取胜。

1937年,二十一世本因坊秀哉顺应时代发展潮流,让出"本因坊"称号,转为《每日新闻》主办的新闻棋战本因坊战。1938年,秀哉与木谷实进行了著名的"名人引退棋",从此退出棋界。著名作家川端康成为本局撰写的观战记小说《名人》,成为反映日本棋艺、棋道审美观念的一部名作。

"名人引退棋"中,木谷实赛前强烈要求封手、限时等现代比赛制度,促成了对局在公平的前提下进行。此局木谷实一反新布局时代落子高位的风格,而是完全回归到日本传统下法,下得凝重坚实,其中黑47自粘更是被称为"木谷信念的一手"。本局进行了近半年,65岁的秀哉在弈出白130的败着后再难挽回形势,最终告负。

自1939年至1956年,吴清源在《读卖新闻》举办的"升降十番棋"中连续将当时的顶尖棋手木谷实、雁金准一、桥本宇太郎、岩本薰、坂田荣男、高川格全部降格,创下了震古烁今的伟大战绩,号为"昭和棋圣"。所谓"升降十番棋",是指在十盘

图6-15 寂光寺存吴清源与本因坊秀哉对弈棋盘

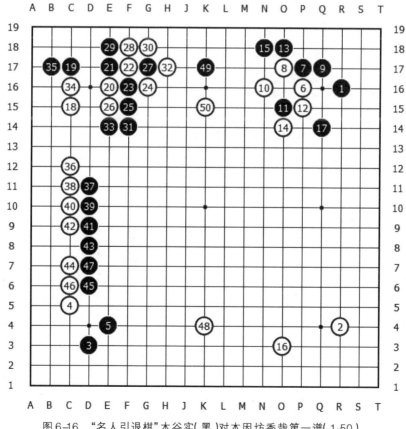

图6-16 "名人引退棋"木谷实(黑)对本因坊秀哉第一谱(1-50)

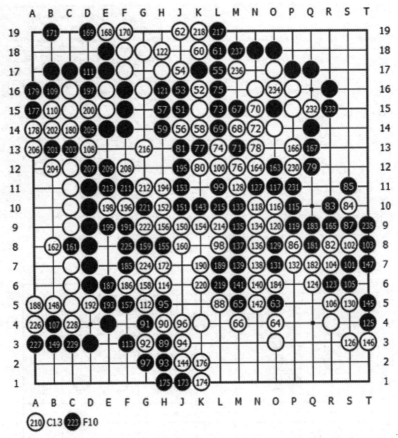

图6-17 "名人引退棋"木谷实（黑）对本因坊秀哉第二谱（51-237,黑胜五目）

对局中,一方净胜局数达到四局,另一方的对局棋份就会被降一格,这事关一名棋手至关重要的名誉,是号称"白刃舞台"的惨烈赛场。

战后,日本新闻棋战全面兴起,推行促成公平竞技的贴目制,缩短比赛用时,逐渐形成了棋圣、名人、本因坊、十段、天元、王座、碁圣"七大头衔战"的格局。坂田荣男、藤泽秀行在20世纪五六十年代成绩出色,坂田荣男在此期间实现了本因坊战七连霸。此后,木谷实培养出的知名弟子大竹英雄、石田芳夫、加藤正夫、武宫正树、赵治勋、小林光一相继崛起,与吴清源的弟子林海峰并称为"六大超一流",包揽了60年代至90年代的绝大多数头衔冠军。

1976年,日本《读卖新闻》创办第一大棋战棋圣战。令人意外的是,在生于

第六章 围棋的国际传播

20世纪四五十年代的"六大超一流"实力强劲的年代里,生于1925年的大前辈藤泽秀行逆势复苏,在七番胜负两日制决赛里击败桥本宇太郎、加藤正夫、石田芳夫、林海峰(两次)、大竹英雄,创下50岁后棋圣六连霸的壮举。

在1978年第二届日本棋圣战决赛第五局中,总比分1:3落后的藤泽秀行在面对年少他22岁的挑战者加藤正夫时燃烧了熊熊斗志,黑93手长考2小时57分,思考无数变化后决定全歼白大龙,最终中盘获胜,成功扳回对局气势,此后一气呵成实现了番棋大逆转。

此后,眼光敏锐的藤泽秀行看到了中国围棋的巨大潜力,多次率领日本棋手组成"秀行军团"访华交流,指导中国棋手,对于中国围棋的迅速成长帮助

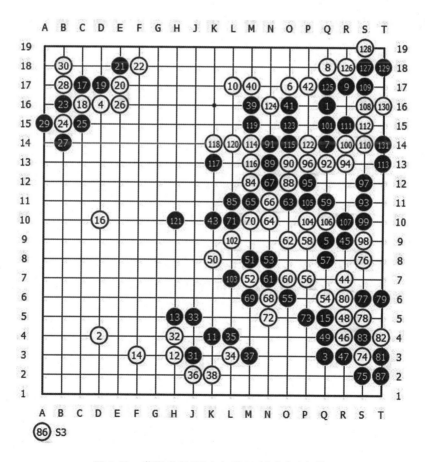

图6-18 藤泽秀行(黑)与加藤正夫(白)对弈谱

良多。

进入21世纪,由于中韩围棋的快速发展,日本围棋理论固化,培养人才方式落后,棋手高龄化严重,在竞技实力上开始下滑。但百年以来长期形成的文化传统,使日本围棋在比赛规格、对局环境、相关配套产业等方面仍然有许多可供中国围棋借鉴之处。如21世纪初由堀田由美创作,小畑健绘制的漫画《棋魂》(日文名"光之棋"),就为围棋的普及做出了巨大的贡献。

二、菊与刀:围棋与日本文化

日本是岛国,它的文化具有极大的混融性。外来文化在这里汇合、交融,与日本本土文化一起构成了独特的日本文化。这种文化的混融性,使日本文化充满诸多矛盾的同时,又能把许多看似对立的东西融合在一起,共存共荣,和谐相处。美国社会学家本尼迪克特在一本研究日本国民性的书《菊与刀》中这样表述日本:

自从日本锁国的大门被打开以来的七十五年间,对日本人的描述总是使用一系列令人极为迷惑的"但是,又……"之类的词句,远非对世界其他民族的描述可比。一个严肃的观察家在论及其他非日本民族时,是不大会既说他们彬彬有礼,又加上一句说:"但是,他们又很蛮横、倨傲"。他也不会既说该民族无比顽固,又说:"但是,他们又极易适应激烈的革新";也不会既说该民族性格温顺,又说他们不轻易服从上级的控制;也不会既说他们忠诚、宽厚,又宣称:"但是他们又心存叛逆,满腹怨恨";也不会既说他们勇敢成性,又描述他们如何怯懦;也不会既说他们的行动完全出自考虑别人的评价,即自己的面子,又说他们具有真诚的良心;也不会既讲他们在军队中接受机器人式的训练,又描述那个军队的士兵是如何不服管教,甚至犯上作乱;也不会既讲该民族热诚倾慕西方文化,又渲染他们顽固的保守主义。他不会既写一本书,讲这个民族如何普遍爱美,如何对

第六章　围棋的国际传播

演员和艺术家给予崇高荣誉,如何醉心于菊花栽培,又另外写一本书来补充说,该民族崇尚刀剑和武士的无上荣誉。

菊与刀,构成了本尼迪克特对日本民族精神的准确概括。在日本文化中,既有菊的优雅,又有刀的勇武,并且,这看似矛盾的两面,又能奇妙地统一在一起。围棋,同样典型地把日本文化的优雅与杀气糅合在了一起。

中国围棋在很长一段时间,一直把围棋首先当作一种"艺",其次才是"技"。围棋主要在文人士子、官宦阶层中流行,形成一种风雅的传统。围棋传入日本后,这一传统也为日本所继承。围棋起初也是在上层阶级中流行,被当作高雅的娱乐,会下棋乃是一定的身份、修养的标志。如菅原道真《围棋》:

手谈幽静处,用意兴如何?
下子声偏小,成都势几多。
偷闲犹气味,送老不蹉跎。
若得逢仙客,樵夫定烂柯。

与菅原道真的汉诗相比,紫式部《源氏物语》中描写的围棋则完全日本化了。紫式部是一条天皇时代皇后藤原彰子的侍从女官,她以杰出的文学造诣,及对以宫廷为中心的社会生活深刻的感受与观察,写出了世界文学史上第一部长篇写实小说——《源氏物语》。小说多次写到围棋,如第四十四回,写髭黑太政大臣家的两位千金待嫁闺中,闲时常以围棋自娱。一日,两姐妹将樱花树作为赌物,说道:"三次中有两次胜的,樱花树归她所有。"天色渐暗,棋局移近檐前,侍女们将帘子卷起,各人都盼望自家女主人取胜。突然间东风狂吹,樱花纷纷散落,令人扼腕叹惜。赌输了的大女公子赋诗曰:"纵使此樱非我物,也因风后替花愁。"其侍女续吟道:"花开未久纷纷落,如此无常不足珍。"胜了的二女公子则反唇相讥道:"风吹花落寻常事,输却此樱意不平。"其侍女也附和云:"樱花虽落风尘里,我物应须拾集藏。"

樱花乃日本国花,美丽,但不能持恒。美到极致处,就是凋零的开始。紫式部设计这场赌樱花树的棋戏,似乎也在暗示主人公的命运。樱花与棋,融为一

图6-19 日本围棋仕女图

体,带着一份美丽的感伤,颇具日本审美文化神韵。因为日本艺术往往充满一种幽玄、物哀精神。

日本在吸收中国文化的过程中,有继承,更有改造,并且往往使之更精致,更艺术化,如花道、茶道等,棋道亦然。日本在继承了中国围棋的风雅传统的同时,又大大强化了围棋的竞技一面,并且将棋上的胜负上升为一种精神、信仰之道,这就是武士道精神。

中国传统文化往往把各种竞技都看作是"戏"与"艺",同时习惯于把这些"戏"与"艺"与"教化人心"的政治结合起来,竞技亦成了伦理教化的工具,也从未建立过完备的竞赛体制。以围棋的胜负为务的棋手,终究难脱"技艺之徒"的名份。日本围棋则在江户时代初期开始获得独立的身份,建立了较为完备的竞争机制。尽管这种身份不是以个人,而是以"家族"的名义获得的,并且棋手往往有着双重身份:棋士与僧人,而这恰恰体现了日本围棋文化的特点。

日本围棋是在家族制、等级制度下发展起来的。四大门派被习惯称为四大家,本身就类似于大家族。掌门为一家之主,拥有绝对权威,师徒、师兄弟关系类似于父子、兄弟关系。同一门下弟子,以段位高低分出严格的等级,棋手间因段位的不同,交手棋份的规定也非常严格。现代围棋比赛中无论段位高低,一律在平等的基础上进行,分先对弈的情况绝不可能发生。

然而,在围棋的这种等级制下,又有着相对的平等。即每个人都是凭自己的能力(而非门第)确立自己在棋界的地位,它为每个人提供了一个通过在棋盘上的竞技来证明自我的机会。即便是名人,作为同一时代棋界唯一的九段亦不例外。

正是在这样一种体制下,各大家之间形成激烈的竞争。"御城棋"制度建立后,几百年中争棋不断,每一次争棋都事关本门的荣辱兴衰,棋手必然拼死而

第六章　围棋的国际传播

战。正保年间,二世本因坊算悦与安井算知为争夺"名人棋所"进行番棋对决,双方都舍出性命作赌,费时九年只下了六盘棋,竟不分胜负;宽文年间,三世本因坊道悦为师报仇,向当时已成为名人的安井算知挑战,擂战六十番,发誓"倘若败下,流放远岛";元文年间,七世本因坊秀伯与井上因硕争棋,弈至第八局结束,秀伯口吐鲜血;其后更有"因彻吐血之局",十二世本因坊丈和运用谋略登上名人棋所,井上家掌门人幻庵因硕寻机报复,经苦心策划,派弟子赤星因彻向丈和挑战。这盘棋弈于1835年,序盘因彻英勇善战,形势略占上风。中盘因丈和弈出"三妙手"(白68、70、78),扭转局面。棋局弈至最后一天,本就有结核病的因彻眼看局势无望,有负师父重托,羞愧之下心力交瘁,鲜血不住喷出。经此变故,不久年仅26岁的因彻就离开了人世。

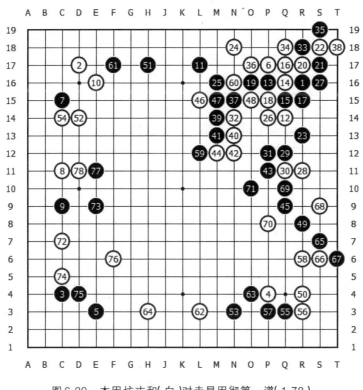

图6-20　本因坊丈和(白)对赤星因彻第一谱(1-78)

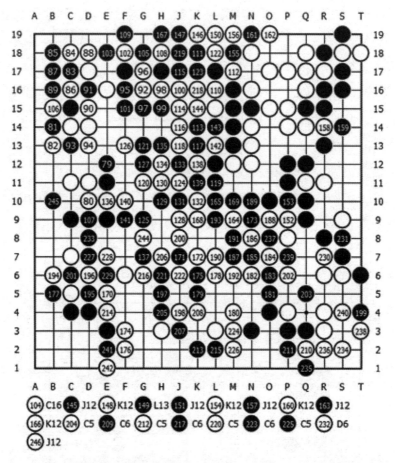

图6—21 本因坊丈和(白)对赤星因彻第二谱(79-246,白中盘胜)

日本围棋在四大家的激烈竞争中,一直强调棋的胜负是与忠勇、信义、名誉紧紧联系在一起的。棋盘上的搏杀,有时包含的是明耻与复仇。武士道把复仇与族类的荣誉、个人的尊严联系起来,从而使雪耻之战具有了非同一般的意义。这种信念,在棋盘上唤起的精神力、意志力、战斗力,有时也是惊人的。

第三节 20世纪以来围棋的世界发展

一、韩国现当代围棋的繁荣

朝鲜半岛在20世纪中期之前长期流行的围棋样式,是棋盘上放置有十六颗座子的所谓"巡将围棋"。1937年,韩国棋手赵南哲赴日拜入木谷实道场,四年后成为日本棋院职业棋手,1943年回国。从在街头推着载有棋盘的小车普及围棋规则起,赵南哲开始建立韩国现代围棋体制,只手推动了韩国围棋现代化的进程。

经过朝鲜战争的波折,1955年,韩国棋院在赵南哲的努力之下成立,韩国棋界模仿日本围棋体制,推行韩国职业棋手制度,陆续创办韩国新闻棋战。20世纪50年代至80年代,韩国棋界夺得冠军最多的三代棋手都有日本留学背景。50年代至60年代,赵南哲实现了韩国国手战九连霸,并多次获得霸王战、名人战等冠军。60年代至70年代,战后进入木谷道场的金寅国手六连霸、霸王七连霸、王位七连霸,成为第二代韩国围棋霸主。

1972年,在日本成为濑越宪作门下弟子的曹薰铉因服兵役归国,迅速取代了金寅在韩国棋界的地位。1980年夺得韩国全部九项大赛冠军,1982年成为韩国第一位九段棋手,1977年至1992年实现了霸王战十六连霸的大纪录。

在曹薰铉称霸的时期,韩国棋界本土诞生的棋手徐奉洙堪称"不屈的挑战者",二人在韩国棋战决赛舞台交手七十余次。有别于日本传统围棋理论,徐奉洙以他"野战军"的围棋风格与曹薰铉在上百次的交手中相互磨合、汲取特长,携手开创了实战派的韩国棋风。围棋中的"韩国流"注重实效,崇尚力量,擅长将局势导向复杂后成功逆转,大大促进了世纪之交围棋技术的变迁。

1988年至1989年进行的第一届应氏杯,是韩国围棋崛起的标志。曹薰铉在该届比赛中连胜王铭琬、小林光一、林海峰、聂卫平夺冠,在民族荣誉意识强烈的韩国掀起了"围棋热"。过程中曹薰铉对阵当时日本围棋最强者小林光一的对局,集中体现了"韩国流"的特点。前半盘执白的小林光一以日本式的均衡棋风控制局面,形势占优。但当白146守角,黑棋左、上尚有两块弱棋并未安定时,曹薰铉黑147点入白角搅乱局势,利用白棋的优势意识弃子两边获利,最终成功逆转。"韩国流"的出现开拓了当时棋界的眼界,特别影响了此前以日为师的中国围棋此后的发展。

20世纪80年代末90年代初,曹薰铉亲手培养出的"内弟子"李昌镐逐渐成长起来,韩国棋坛转向"曹李争霸"至李昌镐一人独霸的阶段。与此同时,棋风独树一帜,被誉为"世界第一攻击手"的刘昌赫亦有不俗战绩,与曹薰铉、徐奉

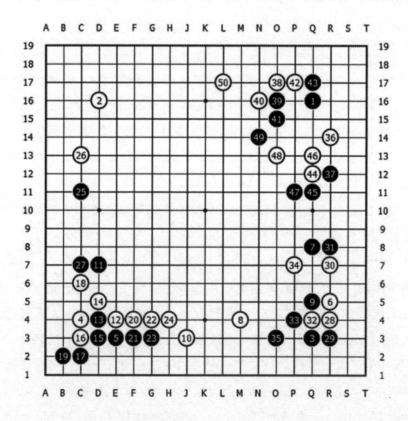

图6-22 第1届应氏杯八强赛曹薰铉(黑)对小林光一第一谱(1-50,黑贴8点)

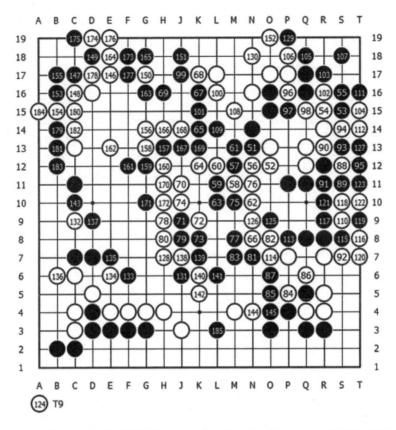

图6-23　第1届应氏杯八强赛曹薰铉(黑)对小林光一第二谱(51—185,以下略,黑胜3点)

洙、李昌镐并称为"韩国围棋四大天王"。四人形成的集团优势,使韩国围棋在世界赛场上占据了明显的优势。

1992年,年仅16岁的李昌镐在第3届东洋证券杯决赛中面对年长他33岁的日本超一流棋手林海峰。林海峰以"二枚腰"著称,棋风坚韧精细,擅长官子。但如此年轻的李昌镐以在官子战中压倒前辈的方式,五番棋3:2击败林海峰,创下了世界棋坛最年少世界冠军的纪录。

李昌镐对于围棋技术发展的最大贡献是尽可能地将每一步棋的价值量化,并大大提高了官子在一盘棋中决定胜负的地位。在第3届东洋证券杯决赛五番棋决胜局中,李昌镐与林海峰满盘激战,转换不断,战至读秒阶段形势依然难分难解。但李昌镐对于官子价值大小的判断使他在紧迫的时间压力下占得了先机,林海峰的黑185手在目数上不如李昌镐的白188手大,由此李昌镐以细微的优势获胜。此后,李昌镐以他出色的官子功夫独霸天下,14年间连续捧起17座世界冠军奖杯。

21世纪初,韩国新一代天才棋手李世石崭露头角,取代了"韩国围棋四大天王"中徐奉洙的位置,并继李昌镐之后成为新一代世界围棋霸主。从赵南哲起,至金寅、曹薰铉、李昌镐、李世石,韩国棋界数代领军棋手传承有序,走出了一条天才棋手引航棋界的独特道路。

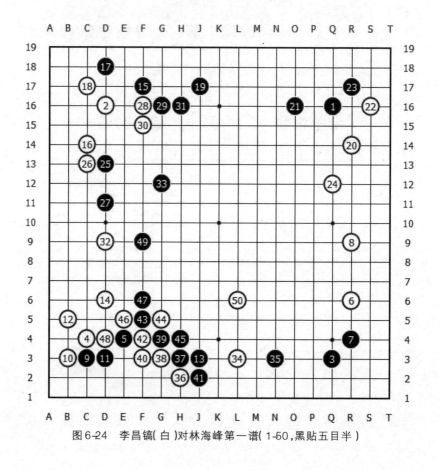

图6-24 李昌镐(白)对林海峰第一谱(1-50,黑贴五目半)

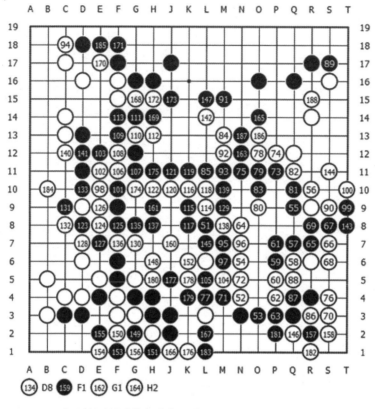

图6-25 李昌镐(白)对林海峰第二谱(51—188,以下略,白胜一目半)

二、围棋在欧美

围棋不光是东方人的游戏,当它沿着丝绸之路传入欧洲,也越来越赢得西方人的喜爱。

在有确切可考的文字记录中,最早将围棋介绍给欧洲的是意大利传教士利玛窦。与利玛窦结交的中国士大夫中,叶向高与李之藻都是明代爱好围棋的名士。利玛窦《中国札记》中记载:

中国人有好几种这类的游戏,但他们最认真从事的是玩一种在三百多个格的空棋盘上用两百枚黑白棋子下的棋。玩这种棋的目的是要控制多数的空格。每一方都争取把对方的棋子赶到棋盘的中间,这样可以把空格占过来,占据空格多的人就赢了这局棋。官员们都非常喜欢这种棋,常常一玩就是大半天。有时候玩一盘就要一个小时。精于此道的人总有很多的追随者,他肯定会非常出名,尽管这也许是他唯一的专长。事实上,有些人还请他们作指导,特别优待他们,为的是学会玩这种复杂游戏的精确知识。

此后,英国东方学学者托马斯·海德(1636—1703)在《东方游戏》中,除国际象棋外,还介绍了六种中国游戏,包括中国象棋和围棋。

德国人奥斯卡·科歇尔特曾于1862年到日本学会了围棋,后来在德国的一份大型杂志上连载系列围棋文章,产生了广泛影响。1881年,单行本 Das Japanisch-Chinesische Spiele 'Go', Ein Konkurrent des Schach(《日本人和中国人的游戏:围棋,国际象棋的竞争对手》)在日本横滨印刷发行。这是历史上第一本用西方语言(德文)写成的完整的围棋书。

在西方社会,围棋作为一种古老而深奥的东方游戏,引发了许多精英人士的好奇与关注。德国科学家莱布尼茨(1646—1716)对中国文化颇感兴趣,把中国儒家思想称作是"自然神学"。他研究中国的八卦符号,发现其二进制体系与伏羲八卦图有着一致性。他还用拉丁语写过一篇关于围棋的文章,发表在柏林科学院的官方刊物上。著名物理学家爱因斯坦、美国诺贝尔经济学奖获得者约翰·纳什、微软公司创始人比尔·盖茨等都对围棋有所了解,并产生过兴趣。

20世纪以来,欧洲、北美各国相继成立各自的围棋协会,欧洲围棋大会、北美围棋大会常年定期召开,吸引了很多爱好者前来享受围棋的快乐。不过由于东西方思维

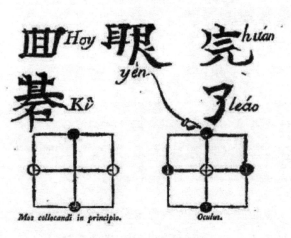

图6-26 《东方游戏》插图

第六章 围棋的国际传播

方式的差异,西方追求量化、直线式的思考体系并不完全适用于围棋。相对于东亚中、日、韩三国将围棋视作高度职业化的竞技项目,围棋在欧美更多地属于一项娱乐性质的游戏。

欧洲围棋大会(European Go Congress,简称EGC)是每年欧洲围棋第一大盛事,1956年创办,被西方围棋爱好者们誉为"没有围墙的围棋大学"。欧洲围棋大会每年约有数百人参加,比赛丰富多彩。就形式而言有个人赛、联棋赛;就用时而言,有每方两个半小时的慢棋,也有10秒一手的超快棋;还有午夜12点以后进行的"夜战",一周五天的赛事后有"周末赛"。联棋自由组合,不同国别、年龄、性别、棋力的组合,都可加分。个人赛也灵活多样,一盘棋终,输方可继续挑战一直下下去。比赛盘数最多的有奖,每周五盘棋中赢三盘以上的也都有奖,午夜棋下的最多的有奖,连赛会期间喝啤酒杯数最多也有奖……奖项多样,每一个棋迷,无论棋力高低,都可以找到合适的位置,找到属于自己的乐趣,充分显示出围棋嘉年华、围棋狂欢节的特征。

图6-27　2012年德国波恩欧洲围棋大会赛场

围棋强国中,日本走在了世界推广的前列,每年都会派遣职业棋手赴世界各地普及围棋,目前西方使用的围棋术语大多都是日文发音。著名棋手岩本薰为普及围棋倾尽全力,个人出资在美国、荷兰、巴西等世界各地开办围棋会所。美国麦克雷蒙、德国汉斯等欧美棋手,均受到日本棋界培养,在日本成为职业棋手。这些白皮肤蓝眼睛的围棋高手是黄种人称霸的职业赛场上一道独特的风景。

经过众多旅居海外的中国棋手的普及推广,围棋这一起源于中国的游戏被越来越多的国家与民族了解、喜爱。2009年,就任后第一次来华访问的美国总统奥巴马送给国家主席胡锦涛的就是一副围棋,这使更多人认识到围棋作为国家智力形态的重要组成部分,在文化、外交中代表的重大意义。

21世纪以来,随着竞技实力的增强,中国围棋在世界舞台上扮演了愈发重要的角色,其中就包括走出国门,在欧美各地进行比赛、指导棋迷、推广围棋。2014年,经中方赞助,欧洲围棋开始建立职业制度,并产生了第一批颇具实力的本土职业棋手。与此同时,韩国棋界支持的美国职业围棋体系也在构建之中。随着世界一体化进程的加快,围棋市场需求的扩大,围棋在欧美等地一定会得到更深层次、更广领域的普及。

拓展阅读:

《日本围棋历史名局精选》,韩念文、吴玉林著,蜀蓉棋艺出版社,1991年。

《围棋名局赏析辞典》(日本卷),赵之云、许宛云编,上海辞书出版社,1992年。

《日本围棋四百年激战风云录》,〔日〕石田芳夫著,陈明川译,蜀蓉棋艺出版社,1990年。

《胜负与艺术——我的围棋之路》,〔日〕藤泽秀行著,张唤民译,百花文艺出版社,1999年。

《棋道》,吕顺长、沈国权著,上海辞书出版社,2012年。

《战神曹薰铉——我对围棋的畅想》,〔韩〕曹薰铉、全钟书著,李晓明、马安平译,东方出版社,2007年。

第七章

围棋与现代信息技术

20世纪40年代诞生了电子计算机。电子计算机技术与电子通讯技术构成了现代信息技术的基础。到20世纪末,随着互联网的兴起,个人计算机,智能手机和各种传感器的普及,信息与网络技术改变了传统的围棋对弈方式。21世纪的大数据技术与人工智能技术已在根本上颠覆着人们对于围棋的认识。借助于这些现代信息技术,人们已经开始使用全新的方式,进行围棋的对弈、学习与研究。作为现代信息技术的研究对象,围棋不仅受益于现代信息技术的发展成果;计算机围棋的研究,也在构建最先进的人工智能算法。在实现前沿机器智能的同时,计算机围棋帮助人们识别智能的本质,认识人类智能与机器智能的区别与联系。本章重点讨论信息与网络技术对围棋对弈、学习和研究方式的改变,介绍互联网围棋对于棋手与围棋内容的影响,同时介绍围棋人工智能研究的历史与现状。围棋人工智能,体现了古老中华文化与现代科技的结缘,也使围棋不断焕发出新的活力。

第一节　信息时代的围棋

本节讨论信息时代的围棋特点。首先讨论传统的围棋对弈方式以及它的主要局限性。在此基础上，介绍互联网围棋对弈方式和当前主要的互联网对弈平台。与传统的对弈方式不同，互联网围棋对弈有其显著的不同点。互联网围棋的这些特点对于围棋的对弈、学习和研究都产生了巨大的影响。信息技术的发展为围棋提供了重要的辅助工具，包括对弈水平评价、形势判断、落子点推荐等等。同时，信息时代的围棋也存在一系列的潜在问题，可能导致一定的风险。

一、传统围棋对弈及其局限性

传统围棋对弈方式的核心特征，是找到围棋水平相当的对手，面对面下围棋。"棋圣"聂卫平九段曾经回忆他在"文化大革命"期间在黑龙江插队时的一段下棋往事：一个冬季的早晨，我冒着零下四十度的严寒，走到三十多公里外的九分场，找儿时棋友、一同下乡到山河的知青程晓流下围棋"解馋"。当徒步走了六个多小时，满头白霜的聂卫平如"天兵"一样出现在程晓流面前时，两个人激动地抱在一起，那时他们以为这辈子怕是都与围棋无缘了。

两个人摆开架势"厮杀"了两天一宿，从布局、"圈地""救子"的棋局里，聂卫平找到了快乐和满足。传统围棋对弈的代价，对于聂卫平来讲，就是要在严寒中，冒雪跋涉三十多里，耗时六个多小时，找到水平相当的棋友来下一盘棋。

对于相隔三十多里的棋友，距离还可以承受，还可以走一天的路来面对面下棋。如果棋友远隔重洋，面对面下围棋就太奢侈了。当有可靠的通讯手段的时候，面对面下围棋就不是唯一选择了。棋友之间的对弈可以通过可靠的通讯手段来实现，例如书信来往，这就是所谓的"通信围棋"。《一盘没有下完的棋》是一部20世纪80年代中日合拍的著名围棋题材的电影，讲述了在日本侵华战争背景下,一个中国围棋家庭,与一个日本围棋家庭的曲折故事。李洪洲先生是该部电影的中方编剧之一。李洪洲于1984年在北京结识了日本关西地区业余棋手村上昭春先生。村上昭春回国之后,与李洪洲通过跨国书信方式进行了一盘通信围棋对弈,从1985年2月25日至1998年2月25日,历时整整13年,平均每个月落子一至二手,成为中日围棋交流的一段佳话。

虽然克服了面对面下围棋的不便,通信围棋产生了一个新困难:由于传统书信通讯机制的速度缓慢,对手的落子信息无法及时传达给对方。传统的面对面围棋对弈是即时在线(On-Line)的对弈方式,通信围棋把它改变为非即时离线(Off-Line)的对弈方式。在这种非即时离线的围棋对弈方式中,棋手无法时时等待对手的落子;下棋中的每一步落子只是正常生活中的一个小插曲。虽然至今有人认为通信围棋仍然不失为一种具有浪漫色彩的对弈方式,但是在现代社会的快速节奏中,主流的围棋对弈方式已经改变为互联网即时在线对弈了。

二、互联网围棋对弈

互联网(Internet),是网络与网络之间所连结成的庞大网络,这些网络以一组标准的网络TCP/IP协议族相连,链接全世界几十亿个设备,形成逻辑上的单一且巨大的国际网络。每个人的计算机、智能手机以及其他终端设备和传感器都可以通过各种不同的接入方式(例如,宽带、Wi-Fi、4G等等)联入互联网。互联网可以提供各种全球性的信息服务,其中两个最常用的就是万维网和电子邮件。万维网(Worldwide Web,简写为WWW)是一个基于超文本(Super-Text)相互链接而成的全球性系统,是互联网浏览器所能访问的重要互联网服务之一。电子邮件

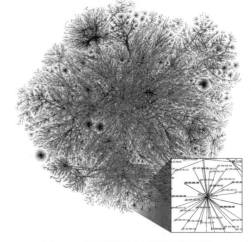

图7-1 互联网路由线路可视化图,源自Wikipedia

（Electronic Mail，简写为 Email）是另一个普遍使用的互联网服务。

互联网上的围棋对弈也是一个类似的互联网服务，它支持全世界的围棋棋手，通过互联网连到一起，与从未谋面的棋手，进行即时在线的围棋对弈。互联网围棋对弈既消除了面对面对弈的不便，也解决了通信围棋对弈中非即时性的问题，是当今主流的围棋对弈形式。互联网围棋对弈服务中通常需要一个或多个服务器（Server），围棋棋手使用其终端设备上安装的客户端（Client），通过互联网连接到服务器上进行围棋对弈。

互联网围棋服务器（Internet Go Server，简称为 IGS）是第一个互联网围棋对弈服务平台，上个世纪 90 代初期最先出现在欧美，后来放置在日本，改名为 PandaNet，以服务日本客户为主，也有全世界各地的棋手使用。IGS 开创了互联网围棋对弈服务，提供了一个完整的互联网围棋对弈平台，支持了一系列互联网围棋对弈的 基本功能：

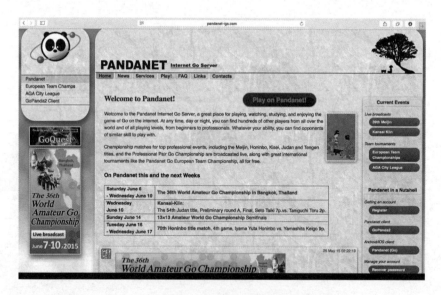

图 7-2　欧美第一个互联网围棋对弈服务平台

1. 初始设置，其中包括时间、读秒、贴目、黑白选择、棋盘大小、让子等；
2. 对局功能，其中包括落子合法性判断、落子、提子、悔棋、加时等；
3. 交流功能，其中包括谈话、对局申请、对局评论等；

4. 棋手等级，根据对弈结果与对手水平，自动计算棋手的等级分和段位。

本质上 IGS 只设定了服务器功能，并且规范了客户端与服务器之间的通信协议。不同种类的客户端，只要实现了开放的通信协议，都可以连接到服务器上使用。IGS 服务器内部以及通信协议使用英语，客户端可以支持不同的用户语言。

由于商业竞争的存在，互联网围棋对弈并不存在统一的服务。全世界有多个互联网围棋对弈的运营商，分别运营不同的服务器，使用不同的客户端与不同的互联网通信协议。围棋棋手在互联网上下围棋，通常根据自己的偏爱，选择使用一个或多个互联网围棋对弈服务平台。除了最早的 IGS 之外，全世界著名的互联网围棋对弈服务平台还有以下几个：

1. 弈城围棋（eweiqi.com），具有众多的中日韩职业选手和高段业余选手；

2. 野狐围棋（www.foxwq.com），依附于腾讯棋牌，具有众多各个层次的选手，包括职业选手；

3. 新浪围棋（weiqi.sina.com.cn），依附于中国重要门户网站新浪；

4. QQ 围棋，隶属于腾讯棋牌，即将被野狐围棋所替代；

5. 风月手谈，隶属于联众游戏；

6. KGS（www.gokgs.com），欧洲围棋互联网对弈服务平台。

在互联网围棋对弈平台上下棋，通常遵循以下的流程：围棋选手需要在个

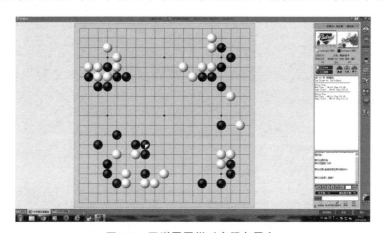

图 7-3　互联网围棋对弈服务平台

人计算机上，下载安装相应的客户端。随着移动互联网和智能手机的普及，客户端也可以安装在移动终端设备上，例如苹果的iOS移动终端设备和Android移动终端设备。使用客户端，围棋选手需要注册，选取用户名和密码，成为互联网围棋对弈平台的客户。客户使用注册用户名与密码登录互联网对弈平台，就可以观看正在进行的围棋对弈比赛，联系同时登录的所有客户，开始自己的对弈。开始对弈需要寻找对手，协商对局设置，其中主要包括时间与读秒设置，棋子颜色选择等。在实际围棋对弈过程中，客户端与服务器进行即时通讯，记录双方时间的使用，每一步的落子情况；会根据围棋规则保证每步落子的合法性，并做相应的提子；同时也会根据时间与读秒的设置，保证每步落子的时效性。互联网围棋对弈平台一般都有终局后胜负判定的功能，并根据每个棋手的对弈结果对其棋力进行评分，并根据评分给予相应的段位或级位。

除了上述基本功能之外，很多互联网围棋对弈平台还为其客户提供了附加功能，如形势判断，棋谱搜索，定式的落子点推荐等。使用基本功能通常是免费的。完整地使用附加功能通常需要付费。附加功能的付费试用与销售是互联网围棋对弈平台的主要收入来源之一。

三、互联网围棋对弈的特点

互联网围棋从最初诞生发展到现在，不过短短的二十多年，已经完全成为目前主导的围棋对弈方式。现在绝大部分的围棋对局产生于互联网围棋对弈平台上。与传统围棋对弈方式比较，互联网围棋对弈有很多不同的特点，其中包括方便性，即时性和匿名性，以及数量大、速度快等等。

互联网围棋对弈平台极大地方便了各个层次水平的棋手开展围棋对弈、学习和研究。棋手需要的条件只有二个：1)互联网的接入；2)连接围棋对弈平台的终端。

在宽带、Wi-Fi和4G网络十分普遍的今天，高速的互联网接入几乎无时不在我们每个人的身边。连接围棋对弈平台的终端可以是个人计算机，也可以是苹果(Apple)或者是安卓(Android)的智能手机,也早已是相当普及。使用终端与互联网,棋手可以在任何时间、任何地点,连接到互联网围棋对弈平台。如果不是刻意选择某一个特定棋手对弈的话,棋手可以在成千上万同时在线的平台客户中,迅速地找到水平相当的棋手,进行围棋对弈。任何棋手只要想下围棋,互联网围棋可以方便地,立即满足他的对弈需求。

互联网围棋的第二个特点是匿名性。除非是互联网上的正式比赛,互联

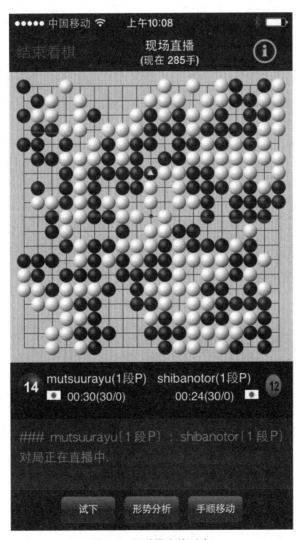

图7-4　互联网在线对弈

网围棋棋手都是使用虚拟网络用户名,可以保持匿名性而不必透漏真实的身份。在中国互联网围棋刚刚兴起的时候,八名职业棋手(邵炜刚九段、周鹤洋八段、王磊八段、罗洗河八段、刘菁八段、刘世振八段、黄奕中五段和邹俊杰五段)联合创立了清风围棋网,也合称清风八大护法。2000年底,用户名为"龙飞虎"的棋手在清风网上对弈"看场子"的罗洗河八段,共下了四盘,且四盘连胜,在棋界掀起轩然大波。大家十分好奇"龙飞虎"的真实身份而纷纷追查,但均无结果。直到2006年3月,丁伟九段主动公开承认是当时的"龙飞虎",才解开了历时五年多的谜团。

互联网围棋的方便性、即时性与匿名性极大地促进了围棋对弈的开展,互联网上围棋对弈的数量也有了突飞猛进的提高。根据我们对互联网围棋对弈平台的采样统计调查,每天有大约近百万的围棋客户活跃在全世界不同的互联网围棋对弈平台上。这些客户每天产生数百万盘的围棋对局。一年之中,互联网围棋的对弈总局数可以达到10亿盘数量级。这样一个对局量,应该超出了互联网围棋出现之前所有围棋对局数量的总和。1996年出生的芈昱廷九段,在2013年首届"梦百合杯"五番棋决赛中战胜了古力九段,17岁即获得了围棋世界冠军。在五番棋的对局进程中,芈昱廷的父亲介绍芈昱廷的围棋学习历程,说芈昱廷在互联网上下了近万盘对局。几年之内下近万盘围棋对局,这在互联网围棋出现之前是不可想象的。吴清源九段是20世纪最伟大的围棋大师,可以看作是互联网出现之前传统围棋对弈方式的代表人物。《吴清源对局全集》系统地收集了吴清源的对局,总共才有800多盘。

方便即时的互联网围棋不仅增加了围棋的对局数量,同时也大大缩短了每步棋子的落子时间,显著提高了围棋的对局速度。1933年,吴清源在获得了《读卖新闻》举办的"日本围棋锦标赛"冠军之后,与本因坊秀哉名人进行了当时的巅峰对局。吴清源开局就下出了著名的"三三、星位、天元"的新布局。由于秀哉名人有权暂停对局进行休息讨论,这盘历史名局总共历时三个半月,共落子252手棋,平均每天落子不到三手棋。相比而言,互联网围棋通常采用快棋模式。30秒一步落子,一盘互联网围棋对弈大约可以在一个小时之内结束。如果使用目前流行的 10 秒钟一步落子的超级快棋,一般可以在 30 分钟之内下完一盘互联网围棋。

四、互联网对围棋的影响

互联网围棋对弈对围棋有深远的影响,不仅改变了围棋的对弈方式,也直接影响了围棋的棋手与围棋的内容,为围棋自身带来了深刻的变化。

上一小节中,我们看到了芈昱廷下近万盘网络围棋的例子。对于普通的互联网快棋对弈,一万盘围棋对局大约需要 10000 小时;即使是 10 秒一步落子的超级快棋,一万盘对局也需要大约 6000 小时。如果芈昱廷每天花费三个小时在互联网上进行围棋对弈,这代表着他在十七岁的时候,在正常的学习训练之外,又额外积累了三到五年的高强度网络围棋对弈训练。互联网围棋改变了围棋棋手的学习训练方式,增强了训练强度,也提高了围棋对弈水平。正是由于互联网围棋出现,使得越来越多的年轻棋手有机会取得围棋世界冠军。

互联网围棋缩短了围棋对弈中每步落子的思考时间,因此也强迫棋手在围棋对弈中注重提高每次落子所能发挥的效率。从表面上看,互联网围棋对弈上更频繁地出现碰撞、扭断、对杀等现象。围棋对弈也因此更加激烈,更加精彩,也更具有观赏性。 更本质上讲,网络与信息时代的围棋对弈更注重落子的效率。落子效率的提升,也直接体现在黑棋先手的效率上。黑棋的先手效率有了决定性的改善,先手的贴目也从传统围棋的 2 又 3/4 子增加到了互联网围棋时代的 3 又 3/4 子。

从相对狭隘的传统观点上看,围棋仅仅是一个围地的游戏;但从现代信息技术上看,围棋更是一个追求效率的多步决策过程。围棋对弈过程的总体效率反映在每步落子的效率上,但又不仅仅是单步效率的简单叠加。落子效率高了,围地自然多了。效率的追求是一把双刃剑,过于保守或过于激进都不是高效手段。互联网围棋提高了围棋落子的效率,也就自然而然地提高了围棋对弈的质量。客观地讲,现代信息技术对于围棋对弈质量的改善和围棋棋手水平的提高,都有直接并且重要的意义。

五、互联网围棋的计算机辅助工具

现代网络信息技术提供了一系列辅助工具,供互联网围棋对弈平台使用。这些辅助工具可以方便地帮助评估每个棋手的水平,分析对弈盘面的优劣,或者推荐落子选点等等。本节介绍三个主要计算机辅助工具,分别是棋手等级分与段位评定,对弈形势判断,实时棋谱检索。

图 7-5　互联网棋手等级与段位

准确客观地评价每个围棋棋手的对弈水平,是匹配水平相近棋手进行互联网围棋对弈的基础。每个互联网围棋对弈平台都有一种评估棋手等级分与段位的方法。行业公认的棋手等级评分的权威方法是 ELO 算法,它是基于棋手之间胜负关系的一种统计学方法。原方法采用正态分布,改进后的方法通常使用对数分布而更符合实际情况。 假设棋手 A 和 B 的当前 ELO 等级分分别为 RA 和 RB,那么按照对数分布,A 对 B 的胜率期望值应当为:

棋手在比赛中的实际得分(胜=1,负=0),如果与他的胜率期望值不同,他的等级分就要作相应的调整。当某个棋手有个一定量的对局之后,ELO 等级分可以非常准确地衡量其围棋对弈水平。某个互联网围棋对弈平台所实现的等级分评估方法,可能只是 ELO 方法的一个近似。在等级分的基础上,再给每个棋手一个段位,可以方便人对围棋棋手对弈水平的理解与记忆。

围棋对弈中的形势判断是互联网围棋平台的另一项重要计算机辅助工具,它可以帮助棋手分析与计算双方所控制领域的数量,评价对弈局势的优劣。由于即时性的要求,形势判断通常不做复杂的搜索,而是根据盘面的棋子,做影响性、连接性、眼位形状等静态分析来完成。在复杂局面下,静态形势判断可能存在误差,在极端的情况下,有可能错误判断一整块棋的死活。虽然有上述准确性问题,很多互联网围棋棋手仍然大量使用计算机静态分析工具做为形势判断的参考。

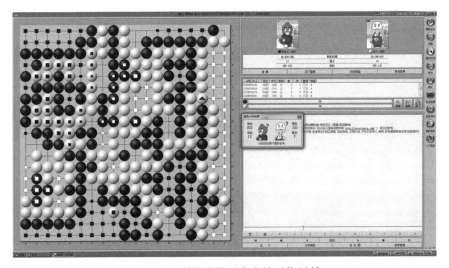

图 7-6　互联网围棋对弈中的形势判断

棋谱检索是互联网围棋平台上一项全新的计算机辅助工具。棋手可以根据盘面的落子形状,实时地查找上千万专业棋手或高水平业余棋手的棋谱,检索围棋具体问题的解决答案。棋谱搜索可以用于对弈实战中落子点的推荐,用于研究或解说中变化图的生成,也可以用于业余棋手对弈之后的复盘分析。棋谱中包含了最直接的围棋知识,而实时棋谱检索直接有助于围棋知识的获取与

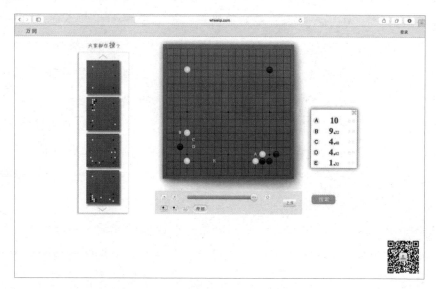

图7-7　互联网围棋平台中的棋谱检索

使用。棋谱检索的重要性和实用性不亚于棋手等级分与段位评定以及对弈形势判断。实时棋谱检索正在逐渐地集成到主流的互联网对弈平台上。棋手也可以通过访问万同科技（www.wtweiqi.com）使用棋谱检索。

六、互联网围棋的潜在问题与风险

　　虽然互联网围棋在改变围棋对弈方式的过程中，提供了诸多的便利与工具，在互联网上下围棋还是有一系列的潜在问题，可能导致一定的风险，需要加以认知并做适当的规避。互联网围棋的主要问题包括网络的不稳定性，匿名性所导致的网络行为以及相应的心理压力与变化。

　　互联网围棋即时性与便利性完全依赖于网络的链接与程序的协调。但是网络不是完全可靠的，网络连接中任何环节的失效都会导致暂时性网络连接的切断。网络连接切断的另一个原因可能是对弈者由于时间或者胜负的原因而主动做的。因此，网络的不可靠性有主观因素和客观因素。计算机程序无法完整识别网络连接切断的原因。互联网围棋因此具有一系列相关的不确定性。

网络的不确定性以及虚拟用户名的匿名性,使棋手在网络围棋对弈过程中的行为,有别于其在现实日常生活中的行为。由于没有社会道德压力的约束,互联网围棋对弈过程中经常会出现一系列粗鲁与不文明的行为:例如,粗口与骂人;使用挑衅语言来刺激干扰对手;利用计算机程序在围棋能力上的不足而在终局后拒绝点子认输;利用围棋规则灵活性而不断地落子来拖延或者浪费时间。

互联网围棋的特点与行为也给棋手带来额外的心理压力,从而产生心理状态的变化。互连网围棋的快速节奏和相对粗野的对弈环境都增大了对棋手的心理压力,考验棋手的心理承受能力。虽然仍然缺乏系统的数据进行相关的研究,但是年轻棋手的成长速度与成绩从一个侧面验证了这种情况,这是因为年轻人的心理承受能力会更强一些。系统地研究互联网围棋中的心理状态与压力是将来有待开展的重要围棋课题。

第二节 围棋与人工智能

在受益于现代信息技术飞速发展的同时,围棋也是现代信息技术的一个研究对象,是人工智能领域中的一个重要研究课题。计算机围棋的研究也被国际学术界公认为是当今人工智能领域重大挑战。本节介绍计算机围棋的概念、意义、特点和主要技术方法。

一、人工智能与计算机围棋

人工智能(Artificial Intelligence,简称AI)指的是机器或软件所展示的智能。它是计算机科学领域的一个学术分支,研究如何构建具有智能行为的计算机和计算机软件。人工智能的展现形式通常是个系统,可以认知其周围的环境,采取适当的行动来最大化其成功的机会。MIT教授John McCarthy在1955年创造了"人工智能"这个词汇,定义为制造智能机器的科学与工程。

人工智能研究的核心问题与目标包括推理、知识、规划、学习、自然语言处理、认知、以及操作物体的能力。当前通用的方法包括统计方法、计算智能和传统形式化人工智能。在AI领域使用的工具有不同形式的搜索、数学优化、逻辑、基于统计论与经济学的方法等等。人工智能是个交叉领域,涉及多个科学领域与学科,包括计算机科学、数学、心理学、语言学、哲学和神经科学等等。

图7-8　1997年5月11日,深蓝战胜卡斯帕罗夫(Garry Kasparov)

从20世纪90年代以来,人工智能取得了一系列伟大的成绩。1997年5月11日,深蓝战胜了卡斯帕罗夫(Garry Kasparov),成为第一个战胜国际象棋世界冠军的计算机系统。在2011年2月,IBM的问题回答系统沃森(Watson)在智力问题回答节目Jeopardy!中,以大优势战胜了二位著名节目冠军。人工智能已成功地应用于物流、数据挖掘、医疗诊断和其他众多技术工业领域。这些成功源于几方面的因素:计算机的计算能力的指数增长,更注重解决具体问题,AI与其他领域相关问题联系的发现,和更严谨的数学与科学方法的使用。

计算机围棋是人工智能领域的一个分支,专注于研究构建计算机程序下围棋。计算机围棋的研究涉及现代信息技术的方方面面,从算法到程序,从可计算理论到软件工程。解决围棋对弈问题所需要的时间与空间复杂度,涉及计算机科学中的可计算性理论与算法分析;围棋知识的表示涉及人工智能中的专家系统;围棋知识的自动获取涉及人工智能中的机器学习;各

图7-9　2011年2月,沃森系统在Jeopardy!节目中回答智力问题

种围棋形状优劣的认知涉及模式匹配;计算机围棋程序的构建涉及软件工程。计算机围棋的目标是提高计算机程序在围棋上的对弈能力,达到或超过人类最高的智力水平。

二、计算机围棋研究的意义

围棋博弈不仅仅是个游戏问题,其内涵反映了很多人类生活与活动的本质。例如,现代社会商业活动的本质就是一种博弈。普林斯顿大学的约翰纳什教授(John Nash),在攻读博士学位期间,就根据对围棋对弈思想的观察与理解,参照拓扑学中的不动点定理(Fixed Point Theorem),总结归纳并且证明了纳什均衡(Nash Equilibrium)的存在。纳什平衡是现代经济学中博弈理论(Game Theory)的基础,对商业活动的研究分析有重要的指导意义。纳什也因此获得了1994年的诺贝尔经济学奖。

图7-10 纳什因证明纳什均衡的存在而获得普林斯顿大学的博士学位

从数学上看,围棋可以抽象为大状态空间下的马尔可夫决策过程(Markov Decision Process,简称MDP)的优化问题,是运筹学中数学规划的一个重要分支。现代社会中有一系列重大实际问题属于马尔可夫决策过程问题,其中包括交通路线的优化规划,物流资源的优化使用等等。计算机围棋在此研究过程中所开发的一系列前沿人工智能理论与方法,将有助于这类问题的优化解决。

计算机围棋属于计算机博弈的范畴。最早的计算机博弈课题是国际象棋。早在计算机与现代信息技术刚刚出现的1950年,现代信息论的奠基者克劳德·香农博士(Dr. Claude Shannon)就写了一篇关于计算机国际象棋的经典论文。论文这样描述了计算机博弈的意义:"虽然计算机国际象棋的实际意义可能不大,但却具有重要的理论意义。我们希望通过计算机国际象棋的圆满解决,可以帮助解决类似但更重要的其他问题。以下是这些重要问题的一些例子：1)设计过滤器,平衡器的机器;2)设计接力和交换电路的机器;3)根据具体状况而不是固定模式处理电话路由的机器;4)进行形式化(非数值)数学操作的机器;5)能进行从一种语言到另一种语言翻译的机器;6)可以在简单军事领域进行决策的机器;7)可以进行旋律指挥的机器;8)可以进行逻辑推理的机器。"

香农博士继续论述了上述这些智能机器的共同特点："这种类型的机器在以下几个方面有别于数值计算机的普通使用：首先,所处理的事务不是简简单单的数,而是国际象棋的局势、电路、数学表达式、词汇等。其次,这些事物的处理包含一系列通用的原则。这一系列原则具有判断和通过探索而学习的特性,而不仅仅是直接的与不变的计算过程。最后,这些问题的解决方案不只是对和错,而是从最好到最差具有某种连续的性质。如果我们的机器能够设计很好的过滤器,即使不是每次设计都是最优的,我们也可以满足了。"

香农博士的上述关于计算机博弈意义的论断与预言发表于60年前。那时只是计算机博弈研究的启蒙时期,上述观点原本是关于计算机国际象棋的。六十多年来,计算机博弈研究有了长足的发展,计算机国际象棋已经完全战胜了人类最顶级的选手。

围棋是目前所剩下的唯一一个,计算机尚未有能力挑战的人类智力游戏项目。但是六十多年来的人工智能研究表明,香农博士的论断对于计算机博弈具有普遍性的指导意义,并且更适用于计算机围棋的研究。

三、计算机围棋研究的特点

国际象棋是计算机博弈的第一个项目,是传统计算机博弈研究的代表。围棋是最后一个计算机博弈领域有待攻破的堡垒,是现代计算机博弈研究的巨大挑战。与国际象棋相比,计算机围棋研究有显著的差别。计算机围棋更加复杂,更为困难,也更接近人类智慧的层次。这些差别与特点体现在状态复杂度、形势判断方法、对弈思考方式等多个方面。

从生命科学的角度上看,围棋的对弈思考方式,显著与国际象棋以及其他博弈项目不同。中国科技大学张达人教授等人的研究工作表明,围棋棋手对弈过程中充分使用左右二个半脑,既需要抽象思维进行逻辑判断与比较,也需要形象思维识别围棋棋子之间形状的优劣。相比而言,国际象棋则明显更注重左半脑的使用,依赖抽象思维进行逻辑判断。张达人教授认为,围棋是人脑高级认知功能的产物,围棋博弈中人脑的机制与人类的智能本质有直接的联系,围棋博弈中的这种联系比在国际象棋博弈中要更强,更显著。因此,相比于传统博弈,围棋更类似于广泛的人类智能问题,计算机围棋的研究也更接近于通过机器实现人类智能的本质。

围棋博弈也十分复杂,计算机围棋被学术界公认为是人工智能领域研究的珠穆朗玛峰。复杂性(Complexity)是衡量使用计算机解决某一特定问题困难程度的一种科学定量指标。状态空间复杂度(State Space Complexity)指的是从博弈初始状态开始所能达到的所有不同的合法博弈状态的数目。早在北宋,沈括在《梦溪笔谈》中就详细描述了如何估计围棋的状态空间复杂度:"尽三百六十一路,大约连书万字四十三,即是局之大数。其法:初一路可变三局,一黑、一白、一空。自后不以横直,但增一子,即三因之。凡三百六十一增,皆三因之,即是都局数。"按照沈括的估计方法,围棋共有三百六十一个点,每个点有三种可能的状态:或黑、或白、或空。因此,围棋的状态空间复杂度是 3 的 361 次方,即 10 的 172 次方,也就是一万的四十三次方。根据围棋规则,没有气的子不能存活在棋盘上,因此以上数字包括不合法的盘面状态。通过蒙特卡洛方法,我们可以估计合法状态的比率约为 0.012,因此围棋的状态空间复杂度约为 0.012 乘以 3 的 361 次方,约为 2.089 乘以 10 的 170 次方。

相比而言,象棋的空间状态复杂度是 10 的 48 次方。换句话说,围棋比象棋更复杂 10 的 122 次方倍。普通人很难直接想象这些庞大数字。我们可以做个比较,以便理解这些数字背后所代表的物理意义:以米为单位,原子核的直径大约是 10 的 15 次方分之一,而太阳引力所能影响到的直径范围大约是 2000 个天文单位,即 2000 乘以 1.5 亿公里,即 2000 乘以 1.5 乘以 10 的 11 次方米,即 3 乘以 10 的 14 次米。因此,太阳引力所能影响到的直径范围大约是原子核直径的 10

的30次方倍。因此,围棋相对于象棋比整个太阳系相对于单个原子核更庞大、更复杂。解决象棋和国际象棋所使用的计算方法并不适用于解决计算机围棋问题。

计算机围棋的另一个重要特点是很难进行盘面的静态形势判断(Static Analysis Evaluation)。所谓盘面的静态形势判断指的是,不再进行进一步的落子,完全根据当前盘面上棋子的位置与数量,定量地评估盘面的优劣。象棋与国际象棋的静态形势判断可以根据棋子的类型、数量、位置、控制点的简单分析就可以相对准确地定量盘面局势的优劣。计算机围棋里,棋子的重要性涉及棋子之间的相对死活关系,而围棋的相对死活问题需要深入的计算,几乎无法根据盘面静态的评估。通过"打劫",围棋棋手有可能在围棋某个局部连续二次落子,使死棋变为活棋,或者使活棋变为死棋,大幅度改变盘面的状态。由于"劫"的存在,原本只是局部性质的围棋死活问题与其他局部问题关联在一起,变成了复杂的全局性问题,其评估也就更加困难。

四、传统计算机围棋的研究方法

1968年,A. L. Zobrist在威斯康星大学攻读博士期间,编写了第一个计算机围棋程序,它通过影响函数进行地域评估与形势判断,通过Zobrist哈希函数进行"劫"的识别。从那时到现在,计算机围棋已有近50年的发展历史。在早期,研究人员主要使用传统的计算机围棋研究方法,主要使用具有领域知识的专家系统和帮助形势判断的影响函数。中山大学陈志行教授的计算机围棋程序"手谈"即是本阶段的一个典型代表。另一个典型代表是GnuGo,它是开放源代码的自由软件。

围棋领域知识是传统计算机围棋的重要方法,其中包括连接的判断,眼的判断,以及边界的判断等,其目的是进行分块组合的分析。围棋盘面的分块组合是非常重要的一步,对于一个全局的盘面来讲,如果直接从整体上进行判断的话,其计算复杂性是我们所无法承担的。对于人类职业棋手在处理这种情况的时候,也是要通过对整个局面进行分块处理,然后分别对每个子局面来进行分析判断,最后通过这些不同部分的评价综合起来共同评价一个盘面。每个局部也是由很多的特征组合而成的,通过将这些特征的评价以一定的组合方式组合起来,便可以得到对这个局部的一个评估。

连接判断,是全局评估的重要组成部分。是否连接关系着死活棋的强弱,影响力的扩散,地域的判断等等的诸多问题。连接的判断也是判断全局形势的基础,对于连接问题,我们可以将其分为两类来看:

1) 简单的连接问题:一方的点,用非实连接的方式连接在一起(跳、尖、飞等),如果周围没有对方点,就构成了简单连接问题;

2) 复杂连接问题:一方的点,用非实连接的方式连接在一起(跳、尖、飞等),如果周围有对方点,就构成了复杂连接问题。对于这两种问题,可以采用两种不同的应对方法:对于简单的连接问题,可以采用穷举的方法,判断棋子间是否有相互连接性;对于复杂的连接问题,就比较复杂。比较合适的解决方法是假设对方断进去了,然后按照正常手段下几步棋,最后再看究竟是否断了来判断最终的连接性。

眼的判断对于静态形势评估来说是非常重要的,因为眼是围棋死活的根本。对于眼的判断,需要根据眼位的形状,采用不同的策略,判断以下三种情况:眼形数量多,有真眼有假眼,不成形的眼形。眼形虽然有多种多样,但可以列举直接判断。眼有真眼,有假眼。真眼假眼的判断很难,仅仅看一个局部是不够的,需要搜索附近的点看这个点是否是真眼。如果是假眼的话,还要判断什么时候可以成为一个真眼。很多时候,眼尚未成形,只是一些我们叫做眼位的东西。这种眼位的判断也很复杂:首先要判断是否可以成眼;如果可以,再分析是不是可以成两个眼。对于眼的判断,通常的原则是领域知识配合搜索去处理,而且这些搜索也都是基于领域知识的。

边缘的判断对全局评估也有重要影响。比如说黑棋和白棋在某一块区域是开放的,都没封死,这片开放的区域归属判断,对于形势判断是非常关键的。判断边缘可以分成两个问题来看:1) 边缘的种类;2) 边缘上的死活。这两个问题导致边缘的计算都会带来复杂性,通常可以用领域知识和搜索结合的方法来做：对于那些简单的没有死活问题的边缘判断问题，我们要做的就是使用一些常用的形状比如跳、飞、长、尖等，去覆盖那些还没有闭合的区域，使之闭合，从而能分出大概的闭合线出来。对于那种存在死活问题的，通常的做法是首先识别死活，再把死棋去掉。

影响函数是传统计算机围棋的一个重要方法，用来衡量棋盘上每个棋子影响力，表明一个棋子对其周边环境的掌控能力。使得在开局时落子可以适当分散，终局时可以尽最大限度地获得更大的地域。棋盘上所有的棋子都可以看作一个影响源，其影响力向四周扩散，影响力随距离的增长而逐渐下降。影响仅当周围为空时才能无障碍的扩张，当遇到己方或对方的棋子的有效阻挡的时候才被挡住，此外，当影响力抵达棋盘边缘还未消弱到一定程度时，该棋子的影响力就会被棋盘边缘反弹回去。每个点的价值可以看作是盘上的每个棋子的影响力的叠加。

通过影响力函数，对棋盘上的所有点均可以计算出一个在 -1 和 1 之间的实数值，来表示各方对该点影响的强弱，1 表示完全被黑方控制，-1 则是完全被白方控制，中间数值则是相对的控制强弱。此外，为了防止出现假实地，在可能的入侵点上还需要加入虚拟的影响源，以此来防止对于己方过于乐观或对对手当前状况过于悲观的判断，以此提高判断的准确性。

0	0	0	0	1	1	1	0	0	0
0	0	0	1	2	3	2	1	0	0
0	0	1	3	5	11	5	3	1	0
0	1	2	5	16	33	16	5	2	1
0	1	3	11	33	X	33	11	3	1
0	1	2	5	16	33	16	5	2	1
0	0	1	3	5	11	5	3	1	0
0	0	0	1	2	3	2	1	0	0
0	0	0	0	1	1	1	0	0	0
0	0	0	0	0	0	0	0	0	0

GnuGo影响函数计算中的强度衰减

第七章　围棋与现代信息技术

影响函数是通过下述算法实现的:围棋棋盘上一个点的影响力的辐射过程可以被看作一个从临近点不断向远方扩展的广度优先搜索过程。在 GnuGo 中,一个单独的影响源的影响如图所示,影响源标为"X",其强度为 100,衰减系数为 3;需要注意的是,GnuGo 中的影响强度采用实数表示,图中取的是距离该实数最近的整数,图中显示为 0 的地方并不是其影响强度真的消失了。在计算图影响强度时,其传播的顺序是从里层向外层传播的,既可以保证每个节点被访问且仅被访问一次,又可以保证这个过程会结束。

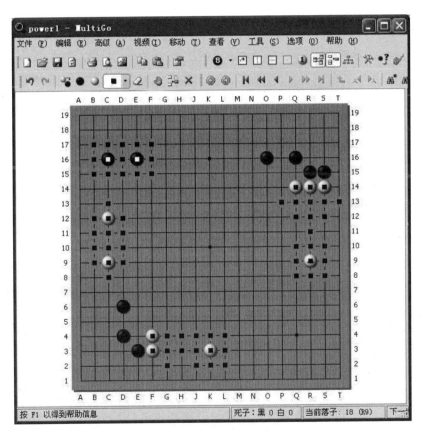

图 7-11　影响函数实例
选自武坤、何云波、谭青《围棋之美与围棋人工智能》

五、现代计算机围棋研究的方法

2006年,匈牙利科学家L. Kocsis和C. Szepesvari发表了UCT算法;同年,法国的MOGO团队把UCT算法应用到计算机围棋并取得了成功。计算机围棋研究进入了现代阶段。通俗地讲,现代计算机围棋方法是一种大规模蒙特卡洛的模拟方法,很像生物世界中蚂蚁社区的觅食方法。对于单个蚂蚁而言,其所遵循的觅食方法很简单,通常包括以下四个简单规则:1)觅食规则:如果周围有食物,则立即获取食物;2)移动规则:在周围没有食物的情况下,如果周围有标记,则朝向标记最强的方向移动,否则按照原来的方向继续移动,在以上过程中,蚂蚁会以小概率随机选择其他移动方向;3)避障规则:如果移动前方有障碍,则会随机选择另外的移动方向;4)标记规则:蚂蚁在找到食物后会进行标记,标记的强弱取决于地点与食物的距离,距离越远则标记越弱。虽然每个蚂蚁的觅食方法很简单,但是一个社区内的大量蚂蚁在集体觅食过程中所展现的智能却很强大,它们能够快速地避归障碍并发现获取食物的最短路径,这就是蚂蚁的聚类智能。

类似地,现代的计算机围棋方法也使用了"围棋蚂蚁"的聚类智能,其中围棋蚂蚁遵循以下简单的博弈方法:1)吃子规则:如果对方的前一手棋可以被吃掉,则吃掉该手棋;2)保护规则:如果对方的前一手棋打吃己方的棋,则通过长气或反吃对方来保护己方的棋;3)模式规则:如果有好棋形模式应对方的前一手棋,则使用该模式;4)随机规则:在所有可下点上随机地下一手棋;5)保眼规则:在任何情况下,不填自己的眼;6)标记规则:在博弈终局后对博弈进程进行胜负标记;7)移动规则:朝标记最强的方向下一步,在此过程中,以小概率随机地选择下一步。使用遮掩的计算机模拟围棋蚂蚁的博弈方法,虽然每个具有随机性的围棋蚂蚁的博弈方法很简单,但是当计算机模拟了大量围棋蚂蚁的博弈过程后,该过程所展现的整体智能是非常强大的。

更严谨地讲,现代计算机围棋方法建立在更坚实的数学基础之上。围棋的落子选点问题抽象为一个大状态空间下的马尔科夫决策过程优化问题。围棋复杂的形势判断搜索空间的数学期望,可以通过蒙特卡洛采样进行近似评估。机器学习为计算机自动获取围棋领域知识提供了有效方法。UCT算法显著地提高了蒙特卡洛规划方法的运算效率,在现代计算机围棋时代起了关键作用。

综上所述,现代计算机围棋使用的主要方法称为蒙特卡洛树搜索(Monte-Carlo Tree Search,简称为MCTS)。它是一种基于机器学习(Machine Learning)的一种博弈树上的最优优先搜索算法(Best-First Search Algorithm),主要使用UCT算法进行搜索路径选择,使用蒙特卡洛模拟进行盘面评估,辅助以围棋的领域知识与启发。在蒙特卡洛树搜索算法的基础上,现代计算机围棋还使用了一系列前沿的人工智能方法,其中包括大数据分析、模式识别、深度机器学习,以及大规模并行计算。现代计算机围棋的博弈水平已完全超过了传统计算机围棋方法,并达到了前所未有的智能水平。

六、围棋人工智能新突破

2015年10月,人工智能围棋取得突破,谷歌公司研发的人工智能围棋AlphaGo首次战胜职业棋手——旅居法国的中国棋手樊麾二段,并且是5:0的压倒性优势。

之后,有了阿尔法围棋(AlphaGo,俗称阿尔法狗)与韩国棋手、世界冠军李世石的人机大战。2016年3月9日开赛,吸引了全世界的目光。

五番棋的结果出人意料,阿尔法狗先声夺人,连下三城。AlphaGo的一些招式,就像第二局的第37手的5路尖冲(图7-12),给人留下深刻印象。

举世瞩目的第一次人机大战,以AlphaGo 4:1战胜李世石告终。

接着,2016年底到2017年初,一个名为"Master"的神秘客人在多家网络围棋平台对人类高手连赢60局,中日韩三国的最强选手:柯洁、井山裕太和朴廷桓三人无一幸免。之后谷歌宣布,玛斯特(Master)就是阿尔法围棋(AlphaGo)的升级版。

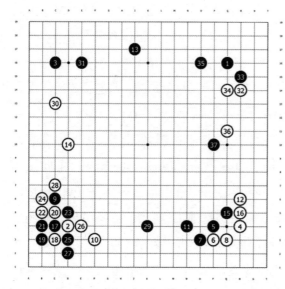

图7-12 人机大战第二局,AlphaGo(黑)—李世石

2017年5月23日,中国乌镇,第二次人机大战,柯洁0比3不敌AlphaGo。

2017年10月,《自然》杂志刊登了谷歌团队的新成果,宣称名为AlphaGo Zero(阿尔法元)的机器系统仅训练3天就战胜了AlphaGo Lee,比分100:0。阿尔法元(AlphaGo Zero)的设计理念和系统配置,不再依托于人类的先验成果,完全靠自我对弈学习下棋。而此前AlphaGo都是用上千盘人类业余和专业棋手的棋谱进行训练。

AlphaGo Zero(阿尔法元)所向无敌,之后谷歌又宣布推出AlphaZero(阿尔法元算法),谷歌也就此退出人工智能围棋研究。

但各国人工智能围棋研发却方兴未艾。各种围棋AI出现,中国有绝艺、星阵、弈小天等,韩国有石子旋风、日本有ZEN,法国有"高卢",比利时有"里拉零"等,每年还有专门的世界人工智能围棋大赛。

一个围棋AI的时代到来了。

围棋人工智能在技术上的突破,首先源于计算机算法上的突破。职业棋手李喆在《AlphaGo——未来的围棋》一文中总结:

早期的计算机围棋,逻辑运算是其中的重要部分。对于难以量化的局面,作者将人类的一些已有的围棋知识转化为机器语言输入软件,这种做法是当时在人工智能领域流行的"专家系统"在围棋上的应用。这种方法在当时取得了一定的成效,但很快就陷入了瓶颈。这一代围棋AI,以"手谈"为代表。

第二代计算机围棋,引入了"蒙特卡洛算法",这同样是在人工智能领域取得了一些进展的算法。这种方法建立在概率论的基础之上,将对弈局面理解

第七章　围棋与现代信息技术

为一个有很多分支的、具有随机性质的搜索树。这种方法对于模糊局面的搜索处理相当有效,使得计算机围棋的水平大幅提升,达到了业余4-5段的实力。但这一方法也遇到了瓶颈,它缺乏类似于棋感这样的有效剪枝手段,以致于它的搜索树太广而无法深入精确计算。这一代围棋AI,以"CrazyStone"和早期的"Zen"为代表。

第三代计算机围棋,即以AlphaGo为开创者的围棋AI,其关键算法是引入了深度学习算法,并构建了一套适合于围棋应用的算法构架。

值得注意的是,AlphaGo的算法结构在一定程度上模拟了人类思维。人类在对弈中做出决策的过程大体上可分为三个要素:直觉、计算、判断。

非常有趣的是,与以往的围棋软件不同,AlphaGo的算法结构几乎完全复现了这三要素。神经网络中的策略网络(Policy Network)基本上相当于人类的棋感,即盘上直觉;价值网络(Value Network)基本上相当于

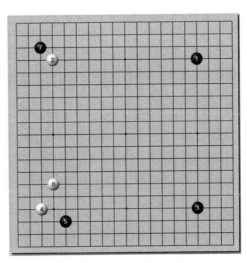

图7-13　AlphaGo自对弈第19局

判断;传统的蒙特卡洛算法(MC)加上快速走子(Fast rollout)则充当了计算的功能。整个AlphaGo的架构在理论上可以理解为将神经网络和蒙特卡洛等算法工具结合为一个充分实现了对局决策三要素的系统。

围棋人工智能也改变了人类对围棋一些既有的下法的认识。如布局阶段点三三(图7-13):

传统围棋一般认为布局阶段即点三三太早,容易陷入被动局面,理由是容易被对方走得太厚(图7-14):

但AI的下法,减少了二路扳粘的交换,避免让对方走得太厚,被认为是完全可行的下法,然后在人类的围棋中也逐渐流行开来。

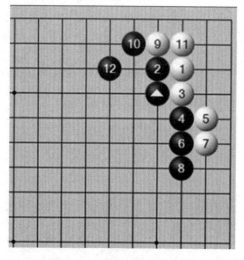

图7-14 传统的点三三定式

随着计算机围棋水平的提高,人机对抗逐渐让位于人类向围棋AI学习,吸取养分。可以说,围棋AI改变了人类对围棋的认识,也促进了围棋技术的进步。

另一方面,人类在竞技层面输给了机器,并没有影响围棋的魅力,反而使围棋赢得了更多的关注。围棋人工智能时代促进了围棋的世界传播。首先将逐渐缩小职业与业余围棋水平的差距,大家都通过AI来学习围棋,学棋的条件平等了,差别将只在时间与天赋。其次,围棋AI打破了地域的限制,将缩小不同国家、地区围棋水平的差距。过去中日韩垄断世界棋坛的现象也许将逐渐被打破,欧美及其他地区的棋手战胜中日韩围棋高手将不再是神话。第三,互联网大大加快了围棋的传播,导致了一个真正的围棋世界化时代的到来。

围棋人工智能也对人类的围棋教育带来种种影响。2019年5月18日,国际人工智能与教育大会在北京闭幕。会议通过《北京共识》,提出各国要制定相应政策,推动人工智能与教育的系统性融合,将人工智能平台和基于数据的学习分析作为构建终身学习系统的关键技术,实现人人皆学、处处能学、时时可学。首先,人工智能赋能教学,运用"双师模式",教师和虚拟教学助理并行工作,可提高教学效率,降低教师负担。其次,人工智能改变学习方式,将系统化、规范化与个性化学习结合起来,加强自主与探究式学习,自我强化学习,助力个性化培养。

而以围棋本身而论,传统的围棋既是竞技,又是艺术,不同棋手的风格、个性、情感、心理,甚至人之天性、弱点,都在棋盘上显现出来,构建了一个多姿多彩的世界。而围棋AI,将一切都转化为胜率、数字,曾经充满暧昧、模糊,充满

第七章　围棋与现代信息技术

艺术的创造与想象力的围棋,开始有了基于胜率的确切的标准答案。艺术的围棋让位于科学的围棋。有人把围棋人工智能时代的出现,看作是围棋史三千年未有的大变局。人工智能,预示了围棋的一个科学化时代的到来。

 拓展阅读:

《现代计算机围棋基础》,刘知青、李文峰著,北京邮电大学出版社,2011年。

《网络棋战风云——超级棋迷手记》,夏辉映著,团结出版社,2007年。

《围棋之美与围棋人工智能》,武坤、何云波、谭青,《围棋天地》2012年第16期。

《对面千里:人工智能和围棋文化》,胡廷楣、刘知青著,上海文化出版社,2016年。

第八章

棋道与东方智慧

　　围棋既是竞技,也是艺术,既是术,也是道。中国思想传统谓形而上者谓之道,形而下者谓之器。道、器之间,相互依存,有时又是可以相互转换的。围棋作为游戏,形而下之技,又通于形而上者之道,所谓一阴一阳之谓道。戏、技、艺、理,是围棋的存在方式,道,则构成了围棋存在的终极依据。当然,这道,既是棋道,又是人生之道、宇宙之道。

第八章 棋道与东方智慧

第一节 棋 理

论棋道,首先离不开棋之"理"。就"道"与"理"而言,如果说"道"是宇宙万物的总规律,"理"即是具体的规律、法则。以"道"统"理",正如《韩非子·解老》所说:"道者,万物之所以然也,万理之所稽也。理者,成物之文也;道者,万物之所以成也。"

在围棋中,也有棋道与棋理之分。道为总的规律,理为具体的法则。朱弘祚《官子谱·序》曰:

> 盖弈者,艺也;谱者,理也。他人之谱专乎理以为言也,陶子之谱兼乎道以为言也。艺必归于理而始当,必贯于道而始精。天下未有舍理而可言艺者也,则亦未有舍道而可言理者也。

道以象显,理与数通。故沈约《棋品序》曰"理生于数",范西屏《桃花泉弈谱·序》曰"数之为理者,愈变则愈出"。道是总的规律,"数"属于"技"与"术",而"理",则成了沟通形而上之"道"与形而下之"技"的中介。

图8-1 《官子谱》书影

一、棋理的要义

在围棋发展、演变的过程中,中国古人不断总结棋之"理",它构成了中国古代围棋思想的重要组成部分。

东汉黄宪(95—142)在《机论》中,以"机"为核心观念阐析弈理:

弈之机,虚实是已。实而张之以虚,故能完其势;虚而击之以实,故能制其形。是机也,员而神,诡而变。故善弈者能出其机而不散,能藏其机而不贪,先机而后战,是以势完而难制。虽然,此特弈之道耳。

这里强调的弈之"机",主要是指"势"。其中蕴涵着虚实之理。而汉代以来的各种围棋赋论,也多把围棋与兵法联系在一起,总结围棋的各种战略战术。如马融在《围棋赋》中,开宗明义:"略观围棋兮法于用兵,三尺之局兮为战斗场。"以下以兵言棋,极尽铺排,其中涉及围棋的许多战略战术、着法名称。首先是布局,"先据四道兮保角依旁",说明古人很早就认识到了边角的重要性。"缘边遮列兮往往相望",则强调边路展开时需要相互照应,构成阵势,等等。

中国古代有两篇最重要的棋论文献,一篇是南北朝时期的北周写本敦煌《碁经》。正文共分七篇。其中多有关于弈理的阐析。如《碁经》明确标榜"不以实心为善,还须巧诈为能",真正突出了下棋与用兵的本质相通之处。以下具

图8-2　敦煌《碁经》手抄本

第八章 棋道与东方智慧

体阐述一些"用兵"的原则:"先行不易,后悔实难",是说落子无悔。"碁有万徒,事须详审",是说审局的重要性,看清棋上的局势,分清强弱:"弱者枚之,赢者先击;强者自备,尚修家业;弱者须侵,侵而有益。已活之辈,不假重营;若死之徒,无劳措手。两生勿断,俱死莫连,连而无益,断即输先。"还要分清大小:"碁有弃一之义,而有寻两之行。"这叫弃小就大。这些都是宝贵的经验,颇得棋道真髓。

《碁经》七篇正文后还专列了"碁病法""碁法"。"碁病法"提出棋有"三恶""二不祥"。"三恶"即:第一,傍畔萦角,第二,应手鹿鹿,第三,断绝不续。"二不祥":一谓下子无理,任急速,二谓救死形势不足。"碁法"则具体地总结行棋之大法。"碁法本由人心,思虑须精,计算须审"。布局阶段,"所下之子,必须有意,不得随他下讫,遂即下。"须以"争取形势"为重心。"腹内须强,不得傍畔萦角,规觅小利,致失大势。"进入中盘,形势"既分",则"须先看局上周遍,于审最急下处,先手下之,不得输他先手。""碁法"还涉及打劫的原则。"作劫"的一个基本原则就是要"须计多少",先算清劫材的多少。其次是找劫材的顺序,先找大劫。第三,看清劫的大小,如果"输子少",反而得的"目"多,才能"作劫"。

敦煌《碁经》棋之"术"与"理"做了高度总结,可惜被藏于敦煌藏经洞中,20世纪初才被重新发现。而宋代的《棋经十三篇》,则是对棋道棋理的进一步总结。《棋经十三篇》在内容上模拟《孙子兵法》,推本棋局、棋子的形制,列举棋的名目、棋品,强调对局的态度和弈者所应具备的棋艺修养和棋德。而其中最重要的部分是对围棋的实战经验的总结,它论述了一系列对弈中的战略战术和基本要领,且非常精辟。如《权舆篇第三》论布置:"权舆者,弈棋布置,务守纲格。先于四隅分定势子,然后拆二斜飞,下势子一等。立二可以拆三,立三可以拆四,与势子相望,可以拆五。近不必比,远不必乖。"《审局篇

图8-3 《忘忧清乐集》中的《棋经十三篇》

第七》从布局"夫弈棋布势,务相接连。自始至终,着着求先",说到中盘战斗与收束:"临局交争,雌雄未决,毫厘不可以差焉。局势已赢,专精求生。局势已弱,锐意侵绰。"还有,"棋有不走之走,不下之下",则是一种更高级的战术了。

《棋经十三篇》中的许多语句,已成了类似于棋的格言、警句。如《合战篇第四》"高者在腹,下者在边,中者占角";"宁输数子,勿失一先";"两生勿断,皆活勿连";"阔不可太疏,密不可太促";"与其恋子以求生,不若弃之而取势,与其无事而强行,不若因之而自补";"彼众我寡,先谋其生;我众彼寡,务张其势";"善胜敌者不争,善阵者不战,善战者不败,善败者不乱";"夫棋始以正合,终以奇胜"。《杂说篇第十三》"大眼可赢小眼,斜行不如正行";"两关对直则先觑,前途有碍则勿征";"角盘曲四,局终乃亡";"直四扳六,皆是活棋,花聚透点,多无生路";"四隅十字,不可先纽,势子在心,勿打角图"。这些口诀,就像武林中的武功心法,牢记在心,功力即会大长。

《棋经十三篇》作为我国流行至今最完整、最系统的围棋理论著作,它是对上千年围棋理论与实战经验的总结,它不光是棋法、兵法,更是一种哲学。

清代中期,中国棋界出现了两大国手:范西屏和施襄夏。他们不仅棋艺精深,在围棋理论的梳理、普及方面也卓有贡献。如施襄夏在他的围棋著作《弈理指归续编》中,有一篇《凡遇要法总诀》,对围棋基本的走法选择、价值判断做出了谚语式的归纳,琅琅上口,影响深远。虽然如今的围棋理论与清代相比已有较大不同,但一些基本的棋理谚语今天仍然适用。以下的围棋谚语,既有今人对棋理的总结,还有不少则是包括施襄夏在内的围棋先贤们的智慧结晶。

图8-4 施襄夏《弈理指归图》书影

第八章　棋道与东方智慧

1."起手据边隅,入腹争正面"

面对空枰,一般开局应从边角着手,这符合"金角银边草肚皮"的基本棋理。而正式进入布局阶段,乃至中盘战斗时,应该将子力落在宽阔的一面,以便舒展棋形,发挥子效。

2."关胜长而路宽,须防挖断"

双方向中腹行棋,出头越快越好。"关"的手法在速度上优于"长",但需要提防对方的挖断。

3."凡尖无恶手,凡关无恶手"

通常情况下,如果棋子要走向中央,尖和关(跳)均为可行的手段。"尖"比较坚实稳健,"关"出头快但要防挖断。

4."形方必觑"

又称"逢方必点"。方是一种特定的棋形,当"点"或"觑"在"方"的形状上时,无论对方如何应,这招"点"或"觑"都能达到破坏对方棋形和眼位的目的。

5."左右同形走中央"

当双方或某一方左右的形状一样时,往往中间的对称点就是棋形的要点,也就是双方该走的要点。

6."二子头必扳"

棋形的棋理。当对方两子紧贴己方两子时,己方应毫不犹豫地扳住对方。

7."压强不压弱"

当对方夹击自己的棋时,应该靠压对方比较强的一块棋。在靠压中走强自己,以期攻击对方比较弱的一块棋。

8."阻渡生根,托二宜其边已固"

为使孤棋生根,或为阻止对方渡过,在对方坚实的地方可以走出二路下托,使它坚实之处走得重复。

9."三方无应莫存孤"

在几个方向都没有自己棋子作为策应时,不要走出孤棋。

10."棋从宽处拦"

当对方来分投或来点"三·三"时,应从发展潜力较大的方向拦住对方,避免自己的子力重复。

11."敌之要点即我之要点"

在判断要点时,可以站在对方的立场上思考。对方必须占据的点,往往就是我方必占的要点。

12."象眼尖穿忌两行,飞柔制劲"

"象步"是汉字"田"字字形的棋形,中间的交叉点称为象眼。如果对方走在象眼(俗称穿象眼)位置,自己应远一路行棋(一般为飞),贴着对方穿象眼的那步棋多是恶手。

13."马步镇逼常单跨,软扳硬冲"

当对方飞镇(或飞罩)攻击己方时,为割断对方联络,一般采取单跨的手段。对此,飞镇一方如果外扳则是柔软的招法,冲断则是强硬的招法。

14."两番收腹成犹小"

围空时,中腹地带需要子力最多,效率最低。由于几面都需要花费棋子去收束,对方在侵消的同时也会自然涨空,即便围成也并不大,因此一般不要主动去围中腹实空。

15."左右无孤势即空"

本句重在点明外势的价值。外势的意义在于对对方孤棋形成威慑,进而或杀棋,或借攻击围空。如果外势左右没有孤棋的话,这条外势也就自然落空。

16."七子沿边活也输"

在一般情况下为了活棋在二路上爬得过多,即使做活也会导致局势的落后。特别是在布局阶段,更不能在二路上爬的过多。

17."滚打包收俱谨避"

滚打,是指把"扑、断、紧、卡"等手段连续使用在对手的一块棋上,将其打成一团。如果自己的棋被对方滚打,应该谨慎地避开。

18."能曲则曲、可立则立"(三路之子送两个)

弃子战术。自己在三线的棋子被吃时,一定要往二线多走一个子,这样可以长出气,以期留有余味、收气得利等多种利用。

19."拆三拆四,分势关腹补为良"

棋形的棋理。自己的拆三、拆四在被对方两边逼住的情况下,为使模样立体化或避免对方打入,可考虑自补。补的方向是相对薄弱的一边,补的手段是向中央跳补,能照顾中央和他处。

20."腾挪自靠始"

攻防的棋理。腾挪是指在敌强我弱的情况下,处理己方孤子的一种手段。应注意的是:腾挪的一方是在逆境中作战,正面硬拼必然会遭受较大的损失,而东碰西靠往往能求得较好的行棋步调。在有些情况下,为了及时转身,弃掉一些棋子也不足为惜。

21."攻紧宜宽,攻宽宜紧"

说的是攻击中应掌握的节奏。在攻击对方具有弹性的孤棋时,不要急于强攻,应以缓攻为宜;对于对方棋型松散的孤棋,要连续不断地严厉攻击,以期获得最大的攻击收获。

22."彼此均先路必争"

攻防的棋理。对于双方的先手,要全力拼抢。这样的地方若被对方占去,则本来我畅敌窄的棋就变成敌畅我窄了。

二、围棋十诀

在中国古代对棋理的总结中,最精要的要数"围棋十诀"了。"围棋十诀"是对棋艺实践的精辟理论总结,在后世各国棋界都产生了极大影响。

"围棋十诀"为以下十句四字口诀:

> 不得贪胜、入界宜缓、攻彼顾我、弃子争先、舍小就大、逢危须弃、慎勿轻速、动须相应、彼强自保、势孤取和。

1. 不得贪胜:指优势时要稳扎稳打,不能贪得无厌。如第20届富士通杯世界

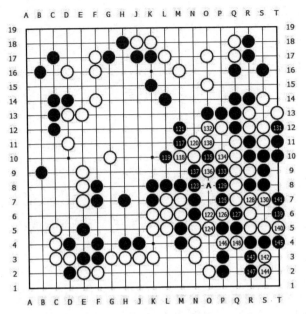

图 8-5 2007 年 4 月 16 日孔杰（黑）对崔哲瀚（117-148,黑贴六目半）

围棋锦标赛第二轮孔杰执黑对崔哲瀚的对局：此时黑棋实空稍稍领先，白棋右边还有一块孤棋需要处理。黑 117 如在 A 位自补兼威胁白棋，可以顺利将优势转化为胜势。但实战孔杰黑 117 意欲毕其功于一役，强杀白龙，黑 133 亦应在右下角补棋，黑 139 又赤裸裸地破眼，结果遭到崔哲瀚白 142 妙手一夹，至 148 提通三子，黑棋反而大损，形势急转直下，酿成败局。

2. 入界宜缓：指进入对方的领地要讲究分寸，循序渐进，不要孤军深入。如日本第 60 届本因坊战决赛七番棋第一局张栩执黑对高尾绅路的对局，面对白棋的庞大阵势，黑 43 深深打入，是颇具魄力的一手。但由于打入过深，被白 44 凌空一镇后难免苦战。最终黑棋虽然巧妙出逃并将白大空洗劫一空，但白棋凭借对黑棋的攻击搜刮四处获利，仍然中盘获胜。

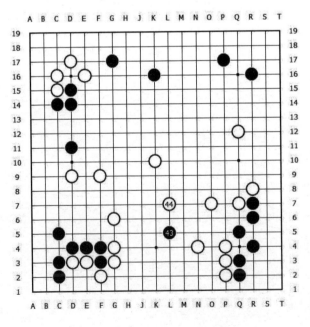

图 8-6 2005 年 5 月 9-10 日张栩（黑）对高尾绅路（43-44,黑贴六目半）

3. 攻彼顾我：指攻击对方时还要顾及己方，不要留下破绽。如第16届三星杯世界围棋大师赛半决赛三番棋第二局古力执白对罗玄的对局，白16打入是相当强悍的一手，对此，黑17飞镇过分，犯下了"攻彼未顾我"的错误。对白16，黑棋唯有A位尖顶，白B长后黑C位跳起。实战被白18、20轻易扎根做活，进而白40点入右上，全局形势立即向白棋一方倾斜。

4. 弃子争先：指要善于通过弃子来争取先手，争取抢占局面的主动权。如1935年日本春季大手合吴清源执白对久保松胜喜代的对局，当黑23倚仗天元子力向上贴时，吴清源主动弃子，先以24、26、28连续脱先吃掉右下角，在黑31意欲吞掉白棋时又依靠局部棋形的弹性而白32巧妙留下打劫活的余味。黑37为了吃净不得不补，白36至42又在弃子利用后率先抢占上边大场，打开了黑不贴目制下白方的局面。

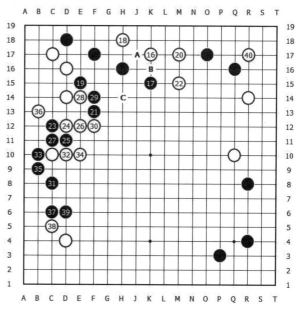

图8-7　2011年11月2日古力(白)
对罗玄(16-40,黑贴六目半)

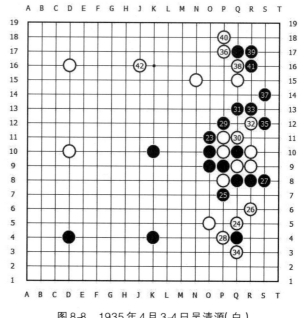

图8-8　1935年4月3-4日吴清源(白)
对久保松胜喜代(23-42)

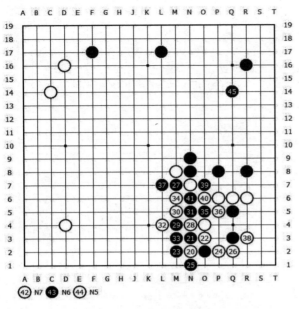

图8-9　2005年12月16日崔哲瀚（黑）对罗洗河（20-45,黑贴六目半）

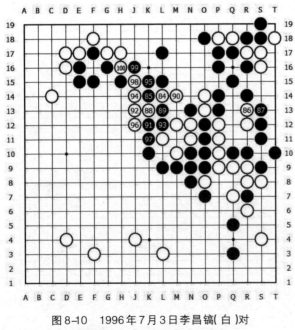

图8-10　1996年7月3日李昌镐（白）对刘昌赫（84-100,黑贴五目半）

5. 舍小就大：指行棋要分清大小,照顾全局,舍弃小利是为了获得更大的利益。如第10届三星杯世界围棋大师赛半决赛三番棋第三局崔哲瀚执黑对罗洗河的对局,当白20靠下时,黑21有两种选择。若贪恋角地,于24位单退活角,白21退,与左下星位形成了绝好搭配,黑右下角目数并不大,难以满意。实战黑21毅然扳出与白棋转换,至黑45,虽然白棋在右下角获利丰厚,但黑棋由于明确判断了不同选择在全局视野下的价值大小,全盘配置生动,一举占据了序盘阶段的主动。

6. 逢危须弃：指遇到危难时,该弃的要弃掉。如韩国第30届王位战决赛七番棋第五局李昌镐执白对刘昌赫的对局,此时白棋中腹拔花的数子深陷黑棋重围,如果单纯出逃难免苦战。实战白84以下巧妙引诱黑棋来吃,顺调弃子,至白100割下左上黑六子,战果显著。本局后来白棋又根据形势进行了第二轮的弃子,将88、92、94、96、98五子灵活弃掉确立优势,相当精彩。

7.慎勿轻速:本句由于"轻"字的多义性,历代以来争议甚大。大致有下棋时应慎重思考,不宜轻率行棋,招致随手;行棋不宜一味追求速度,导致薄形过多,无法收拾;甚至将轻作动词解,认为应理解成不要轻视快速行棋的重要性等多种解释。以上诸解均言之成理,此处取下棋应谨慎之义。如第8届日本旧名人战决赛七番棋第四局林海峰执白对高川格的对局,当白98刺时,黑99反刺是反击的强手。林海峰在长考反复判断形势后,放弃了可能一战决定胜负,但变化十分复杂的A位冲断,而是将战线拉长,放任黑棋连回,转而占据其他要津,最终兵不血刃,中盘取胜。局后,身为前辈的高川格对林海峰的判断赞不绝口,誉之为"叩桥而不渡"。

8.动须相应:指棋子之间要

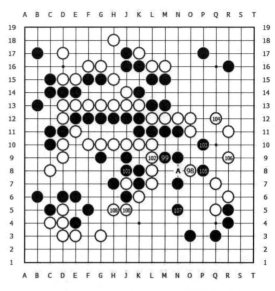

图8-11 1969年9月18-19日林海峰(白)对高川格(98-108,黑贴五目)

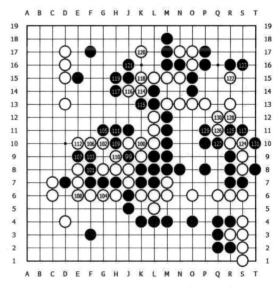

图8-12 2009年11月11日孔杰(黑)对朴永训(99-131,黑贴六目半)

有配合,相互呼应,在作战之前要做好准备工作。如第14届LG杯世界棋王战半决赛孔杰执黑对朴永训的对局,此时的胜负焦点在于右上白棋一条大龙的死活，但黑棋直接动手并无必杀打算，甚至可能惹火烧身。孔杰在此局中的预先筹划堪称经典，黑99扑、101冲连续送吃绝妙，白棋为护住左边大空唯有如实战般应对，黑棋如愿走到了105、109、111三手，以付出一定损失的代价将白棋左边封紧，再于113位点入图穷匕见，白棋大龙遂无处可逃。

9. 彼强自保：指对方强的地方，先要自己谋活，不可以鸡蛋碰石头。如第16届三星杯世界围棋大师赛决赛三番棋第二局古力执白对元晟溱的对局，此时白棋实空占优，但右边与下边两块白棋在黑棋全盘铁厚的格局下都存在一定的死活问题。白132至138不顾自身危险抢占大官子并非上策，应A位贴与黑B长交换后，于C位尖稳妥联络。实战遭到黑139以下的连续压迫，被黑159强行并住破眼，白棋右边一块已经十分危险。

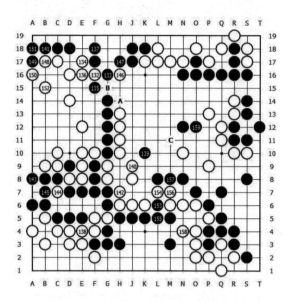

图8-13　2011年12月7日古力（白）对元晟溱（132-159，黑贴六目半）

10. 势孤取和：指己方势力孤单时，以和为贵。如中国第7届倡棋杯决赛三番棋第一局周睿羊执白对柁嘉熹的对局，倚仗上边坚硬的黑六子，黑27穿入左上白阵。在此局部，虽然白棋子力较

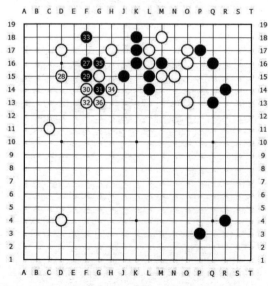

图8-14　2010年10月25日周睿羊（白）对柁嘉熹（27-36，黑贴八点）

多,但由于黑棋存在右边厚壁的接应,事实上是白棋势单力孤的状态,白28如果正面与黑棋作战,难以取得良好的效果。实战白28选择了和缓的下法,单跳守角,深得"势孤取和"之味。至36,黑棋虽然成功割下白棋一子,但白棋也在左边构成了宏大的阵势。①

以上都是以现代战例说明中国古人留下的关于棋理的经典总结,"十诀"成了"围棋宝典",具有普遍的意义。

第二节 棋 风

棋理是棋手们经过长期实践总结出的有关棋的一般的普遍的道理。然而,不同棋手,由于对围棋的不同认识,还有个性、趣味的差异,又会形成不同的选择。所谓"千古无同局",围棋作为复杂而极具个性化的游戏,其丰富意义在于每名棋手都可以凭借自己的意愿选择一套行棋方案,这些套路的不同,就出现了不同的棋风。而围棋风格与棋手的个性之间,也存在千丝万缕的联系。每名棋手对于围棋的理解,或多或少地反映了他们对人生的理解。棋道,也即人生之道。从现当代一些著名职业棋手的围棋风格与人生经历中,可以清楚地发现这一点。

一、创新大师吴清源

20世纪最伟大的棋手吴清源(1914—2014),在他波澜壮阔的职业生涯中创造了无数惊世的战绩。作为中国人幼年赴日学棋,吴清源孤身一人在异国承受来自各方面的压力,通过超人的棋才,持久的热爱与专注,永恒的创新精神,在

---

① 围棋十诀中的一些棋例,取自王煜辉著:《新世纪围棋之魅:我眼中的围棋十诀》,青岛出版社,2014年。

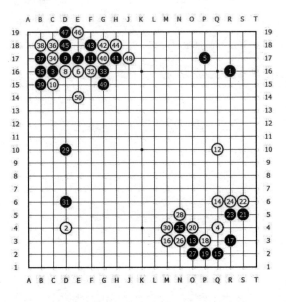

图 8-15　1957年2月20-21日吴清源(黑)对高川格第一谱(1-50)

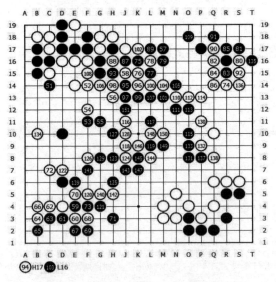

图 8-16　1957年2月20-21日吴清源(黑)对高川格第二谱(51-167,黑中盘胜)

棋盘上击败了当时所有的日本顶尖棋手,创下"十番棋不败"的不朽荣誉。

吴清源之成就,首先源于他游弋于中日文化之间,使他得以吸收中国与日本围棋文化的养分,兼收并蓄,最终成就他在棋盘上的伟业,人生中的大修为。而吴清源的"文化的边际人"的身份,也使他可以不依于某门某派,固步自封,墨守成规。在对局中,他行棋自然,弃取灵活,同时又不断创新。青年时代开创"新布局",极大推动了围棋技术的现代转型。竞技巅峰期创造了无数的新手、新定式,退役后晚年仍然研棋不辍,提出"二十一世纪的围棋"构想,极具超前意识。

在吴清源的对局中,无论定式还是布局的构思、大局的谋划,创新的战例比比皆是。1957年,在第1届日本最强决定战中,吴清源执黑对高川格,在左上角的"大雪崩"定式里弈出了黑37内拐的新手,从而引发了后世演变出的无数复杂变化,开一时风气之先。在此之前,棋界对于"大雪崩"的认识还仅仅停留在只能下外拐。吴清源在围棋领域的创造令人赞叹,职业高手武宫正树曾这样评价:"如果说现在我们作为职业棋手感到很光彩,有一半是托了吴先生的福,那也并非言之过分。吴先生给予现代围棋界的影响就是这么巨大。"

二、宇宙流与地铁流

在围棋境界的发扬上,日本棋手武宫正树(1951—)独树一帜,赢得了许多棋迷的喜爱。武宫正树家境优渥,天性乐观,是棋界著名的"乐天派"。与众多爱好实地的棋手不同,武宫正树特别热衷于中腹的广袤疆域,落子高位,执黑常常以潇洒的"三连星"开局,时人名之曰"宇宙流"。相对于胜负,武宫正树更看重的围棋的快乐,"下出自己想下的棋"。

1988年,在第一届富士通杯世界围棋锦标赛决赛中,武宫正树执黑对林海峰再次下出了"三连星"布局,并连续容忍局部亏损围成外势。决定局势走向的时刻,黑69手豪迈地在"五·五"位肩冲白棋星位,令人震撼。最终武宫正树中盘获胜,每一位不屈于现实的理想主义者,都可以

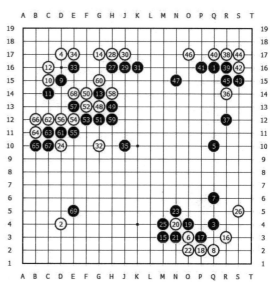

图8-17　1988年9月2日武宫正树(黑)
对林海峰第一谱(1-69,黑贴五目半)

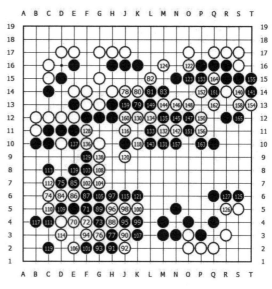

图8-18　1988年9月2日武宫正树(黑)
对林海峰第二谱(70-165,黑中盘胜)

带着武宫正树加冕第一位围棋世界冠军的这局棋谱,去遥望灿烂的星空,开拓奔放精彩的人生。

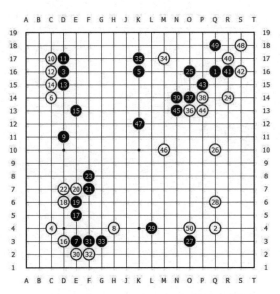

图8-19　1985年3月19-20日赵治勋(白)对武宫正树第一谱(1-50,黑贴五目半)

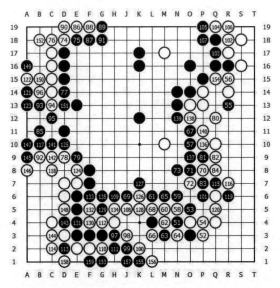

图8-20　1985年3月19-20日赵治勋(白)对武宫正树第二谱(51-159,白胜一目半)

虽然与武宫正树同出木谷实一门,但赵治勋(1956—　)的围棋理念与武宫正树迥然不同。出生于韩国的赵治勋六岁便远赴日本学棋,养成了孤单、敏感的性格,对于胜负的渴望也比常人更加强烈。他对实地的酷爱令人惊讶,常常在捞取实地之后打入对方模样,进行一赌大龙死活的治孤决胜。赵治勋职业生涯夺得过大小七十余项冠军,排名日本第一,在日本棋战的顶尖舞台七番胜负赛场上有着十分优异的发挥,被誉为"七番胜负之魔""斗魂"。而他酷爱实地、开局即常三线行棋的棋风,也被人称为"地铁流"。赵治勋对围棋的理解,也独具一格,在他看来,有根有地的棋才是"厚"形。

1985年,赵治勋与师兄武宫正树在日本第一大棋战棋圣战的决赛中会面。两人将彼此的围棋风格发挥到极致,一边执著中腹宇宙,一边固守边角实地,堪称围棋史上经典的"天与地"

第八章 棋道与东方智慧

"云与泥"的精彩较量。在七番棋决胜局中,执白的赵治勋凭借惊人的缜密判断与黑棋对围,终以一目半险胜。

三、聂卫平:卓越的大局观

新中国擂台英雄,"棋圣"聂卫平(1952—　)性格乐观,直爽豪迈,有着即便在大赛来临前仍然能够安稳休息的"大心脏"。这或许正是他在20世纪80年代末的中日围棋擂台赛上神勇发挥,实现连胜日本多位超一流高手壮举的原因之一。在围棋风格上,聂卫平以"大局观"闻名于世,不受局部得失所限,放眼全局,常常有精妙的弃子战术。

在1987年进行的第二届中日围棋擂台赛主将决战中,聂卫平执黑对决日本著名棋手大竹英雄。开局弈至白66,黑棋两块孤棋悬浮中腹,形势不利。但聂卫平黑67以下展示了卓越的棋才,通过弃子战术弃掉右边五子,走到黑83时,原本白茫茫的

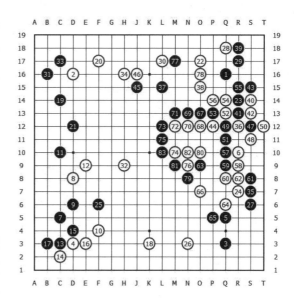

图 8-21　1987年4月30日聂卫平(黑)对大竹英雄第一谱(1-83,黑贴五目半)

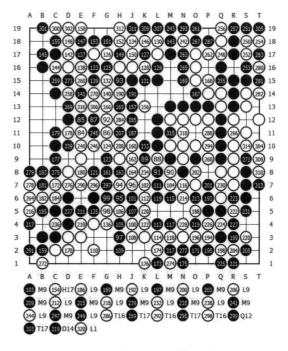

图 8-22　1987年4月30日聂卫平(黑)对大竹英雄第二谱(84-320,黑胜两目半)

中腹反而成为了黑棋的势力范围。这盘棋无愧为聂卫平的人生名局之一。

四、石佛李昌镐

20世纪末崛起的韩国围棋天才李昌镐（1975— ），以他对围棋独特的理解——将一步棋的大小价值绝对量化，看重官子阶段对整盘棋胜负的重要作用，同时极度冷静的对局心态称霸世纪之交的世界棋坛。李昌镐本人性格内向，低调木讷，不善言辞，在棋盘上，喜怒不形于色，加上极度冷静的棋风，被人称为"石佛"。

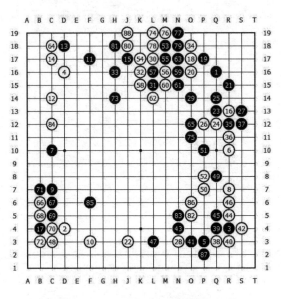

图8-23　1996年2月26日李昌镐（白）对马晓春第一谱（1-88，黑贴五目半）

"石佛"，八风不动，心静如水，既是其人也是其棋的写照。在1996年李昌镐与马晓春争夺第7届东洋证券杯世界围棋锦标赛冠军的五番棋决赛第一局中，执白的李昌镐开局第88手就将棋子落在了一路，被时人评论为"低得仿佛要从棋盘上掉下来"。但仔细分析会发现，这步棋是似小实大的一手，白棋整块净活变厚之后，对于全局接下来的战斗、收束，以及进入官子阶

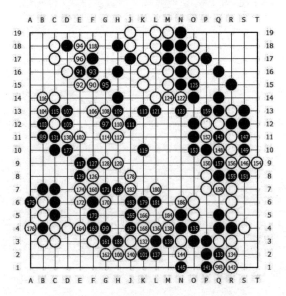

图8-24　1996年2月26日李昌镐（白）对马晓春第一谱（89-186，白中盘胜）

第八章　棋道与东方智慧

段的便宜、获利,都有着十分关键的作用,是充分反映了李昌镐围棋风格的一手。这盘棋进行时李昌镐只有20岁,在如此年轻的年龄具备这种令人感到可怖的冷静、老到,无疑给棋界留下了十分深刻的印象。

棋如其人,棋风,既代表了棋手对棋的不同理解,其实也是其个性、人生价值观念的体现。

第三节　棋　道

围棋由技,通理,合道,所谓技进乎道。这"道",既是棋"道",也是人"道"、天地之"道"。

元代皇帝元文宗就曾问翰林侍读虞集:"昔卿家虞愿尝与宋明帝言:弈非人主之所好。其信然耶?"虞集回答说:"自古圣人制器,精义入神,各以致用,非有无益之习也。故孔子以弈为'为之犹贤乎已',孟子以弈之为数,如不专心致志,则不得。且夫经营措置之方,攻守审决之道,犹国家政令出入之机,军师行伍之法。举而习之,亦居安虑危之戒也。"帝纳其言,命虞集"铭其弈之器",集一挥而就:"圆周天,方画地。握时机,发神智。动制胜,胜保德。勇有功,仁无敌。"所谓"周天画地,制胜保德"是也。由此,围棋与天、地、人之道也就有了沟通。

一、天地之道

说到通天地之道,最有代表性的一部典籍应该是《周易》。它原是上古卜筮之书,相传伏羲画八卦,周文王演绎八卦作"卦辞",其子周公又祖述文王思想作"爻辞",孔子发挥易学精义,又为之作"传",遂使《周易》成为一部究"天人之际"的思想哲学著作。《周易》作为形而下之"术"与形而上之"道"的完美结合,不同的人,不同的学派都可以从中各取所需。《周易》也就成为诸子百家学术思想及各类方术之源头。

《周易》后来成了儒家群经之首,正因为它拥有如此崇高之地位,当后世之人需要为某一思想、学术乃至游戏"正名",总习惯于从《周易》中去寻找依据,使其获得显赫的"身份",围棋亦然。"弈"本与"博"并称,作为带赌博性质的游戏,不入大雅之堂。为"弈"正名,始于东汉班固,而其武器便是《易》,《弈旨》云:

> 局必方正,象地则也。道必正直,神明德也。棋有白黑,阴阳分也。骈罗列布,效天文也。四象既陈,行之在人,盖王政也。成败臧否,为仁由己,危之正也。

班固将"弈"与阴阳、天文、四象联系起来。说围棋"上有天地之象,次有帝王之治,中有五霸之权,下有战国之事。览其得失,古今略备"。首开了以《易》解棋、立象比德的传统。而晋代蔡洪《围棋赋》谓棋乃"秉二仪之极要,握众巧之至权。若八卦之初兆,遂消息乎天文……远求近取,予一以贯"。伏羲作八卦,"远求近取",围棋与阴阳、八卦、天文相通,兆知天地万物之变化,方寸棋枰也就具有了非同一般的意义。

宋代的棋论著作《棋经十三篇》,则进一步将棋理与易理有机地融合起来。《棋经十三篇》开宗明义:

> 夫万物之数,从一而起。局之路,三百六十有一。一者,天数之主,据其极而运四方也。三百六十以象周天之数。分而为四隅,以象四时,隅各九十路,以象其日。外周七十二路,以象其候。枯棋三百六十,黑白相半,以法阴阳。局之线道谓之枰,线道之间谓之卦。局方而静,棋圆而动……

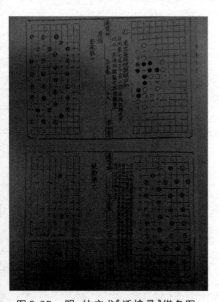

图8-25　明·林应龙《适情录》棋盘图

当作为游戏的围棋被比之为易,棋虽小道,也与经天纬地的大道有了沟通。围棋本身是一种形而下的游戏,经过不断地被赋予道的意义,就成为了一种形而上之道。

二、仁德之道

虞集说围棋还可以"制胜保德",其目的便是要把围棋纳入到儒家的"仁""礼"体系中。

儒家学派源于孔子,孔子的学术以"仁""礼"为核心,最终目的是追求人与人、人与社会的和谐。仁、礼、和,构成了儒家的核心范畴。

就围棋而言,它在琴棋书画中颇具特殊性。它首先是一种"争"之道,所谓"害、诈、争、伪"之物。那么,怎样才能协调"争"与"中"、与"和"的关系,儒家常常把"争胜之物"纳入到儒家的"仁""礼""和"体系,从而形成了儒家独特的棋论。

宋代潘慎修曾作《棋说》,谓"棋之道在于恬默,而取舍为急。仁则能全,义则能守,礼则能变,智则能兼,信则能克。君子知斯五也,庶几可以言棋矣"。将"仁义礼智信"纳入到"棋道"中,尽量淡化其"争胜"的一面,成了中国古代棋论的一大特色。汪缙《弈喻》称:

> 国工争道,赢止半子,止二、三子者,良工也,非国工也。赢二、三子不止,非良工矣。赢分者,争多也。争多技下是何也?争多,嗜杀人者也。争少,不嗜杀人者也。天道好生而恶杀者也。嗜杀,不嗜杀,项、刘之所以成败也。项、刘者,黑白之势也。

尽可能地抑制"争"心,"嗜杀"之心,方能达到心性之"和"、天人之"和"。心性之"和"在于以"道"制"欲"。

儒家围棋观中,还有一个重要概念就是"正"。经邦治国、为人处世之道在"正",棋道亦然。《棋经十三篇》谓"棋者,以正合其势,以权制其敌"。明代棋谱

图 8-26 徐星友《兼山堂弈谱》书影

《弈正》,更以"正"为核心。到了清代,"正"成了围棋理论中的一个重要概念。

清代前期国手徐星友著《兼山堂弈谱》,对"正"这一儒家围棋观也颇为推崇。徐星友在棋评中用得最多的评语就是"正"与"不正",如吴来仪执白对徐星友一局,评曰:"起手至26皆正。"这是清代公认的"双飞燕"定式。

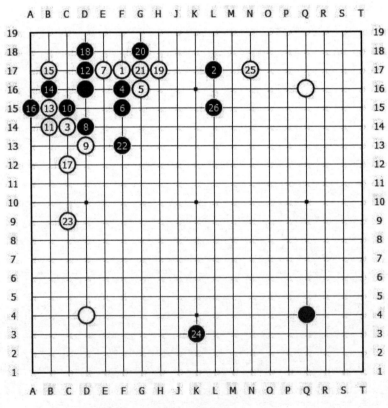

图 8-27 吴来仪(白)对徐星友(1-26)

但对于其他的新手尝试,徐星友却往往持否定态度,称之为"不正"。如评价汪汉年执白对周东候一局:"4'三、八'大飞,8拆、10关皆非局面之正。7当'十七、八'位投,9得大意。19究非正兵,当'十六、十三'位扳,黑虎,白立,黑20位搪……正而且逸。"类似这种由于不符合既有定式规范,便斥之为"不正"的评语,在清代围棋著作中并不鲜见。而这种一元论思维,在某种程度上阻塞了围棋技术的更新、进步。

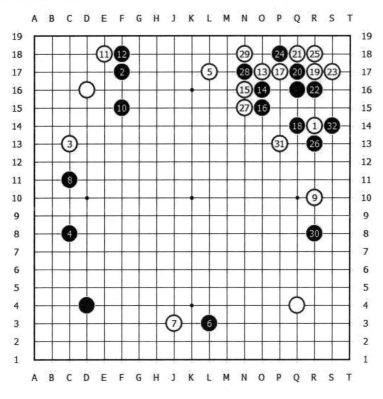

图8-28　汪汉年(白)对周东候(1-32)

三、自然之道

在中国,儒家之道主要体现为伦理之道,道家之道则更偏重自然之道。

道家的代表人物为老子和庄子。"道"本为道路,引申为规律和宇宙本源,

图8-29 清·朱鹤年《香山九老图》

所谓"道生一,一生二,二生三,三生万物"。道无名,也是不可见的,体现为"虚""无",但道又化生了天地万物,"天下万物生于有,有生于无"。道常无为,道法自然,"人法地,地法天,天法道,道法自然"。无为、自然,构成了老子的社会政治与人生哲学主张。

庄子继承了老子思想,一方面批判儒家仁义之说,同时强调顺应自然之性,"虚己以游世",无己无待作逍遥之游,以达"齐生死、泯物我、一是非"的人生自由之境。"天地与我并生,而万物与我为一",庄子思想充满了一种人生自由与超越精神。

围棋作为"坐隐""忘忧"之物,恰恰切合了道家的人生追求。在中国古代,僧道、隐士、"仙家"皆好棋,围棋成了他们精神存在的一种方式。带给人精神快乐的围棋,使人们得以暂时忘却尘俗的烦扰,作"仙界一日"之游。

道家哲学体现了一种辩证法:有无相生,难易相成,高下相盈。"曲则全,枉则直,洼则盈。""将欲歙之,必固张之;将欲弱之,必固强之;将欲废之,必固兴之;将欲夺之,必固与之。""柔胜刚,弱胜强。"中国古代棋论也常常充满了道家式的辩证法:虚实相生,动静相宜,奇正相合,强弱相形。沈约《棋品序》谓围棋乃"体希微之趣,含奇正之情。静则合道,动必适变"。《棋经十三篇》称"棋有不走之走,不下之下"。施襄夏《凡遇要法总诀》提出"静能制动劳输逸,实本攻虚柔克刚"。

围棋典型地体现了道家文化讲求虚实、有无相生的特点。而围棋的境界,无论是徐星友推崇的"冲和恬淡",还是施襄夏的"任其自然,而与物无竞",都是以"平淡"为高境界。所谓"流水不争先",正是道家淡泊无争、以静制动、不战屈人的哲学的体现。

日本棋手武宫正树以"宇宙流"著称,而他自己更愿意以"自然流"自许。特别是当执白棋时,他更愿意顺应棋的流势,"自然而为"。有人认为,执白时的武

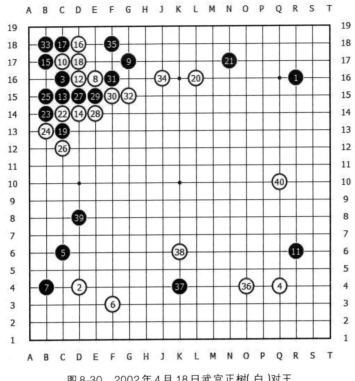

图 8-30　2002 年 4 月 18 日武宫正树（白）对王立诚第一谱（1-40，黑贴五目半）

宫正树实力更加强大。如 2002 年日本第 40 届十段战决赛五番棋第四局武宫正树执白对王立诚一局，开局至白 40，黑棋左上实利丰厚，全盘坚实，白棋则很难有数得出的目数。但武宫认为白棋自然而行，形势为双方互相角力的状态。

弈至白 82，黑棋原本下方两处弱子均已安定，白棋实际增长的目数并不多，但武宫正树已判断白方优势——白棋全局自然张势，配合呼应，黑棋为了照顾右边弱子必须要付出相应代价。并且黑棋各处目数均已确定，较少涨空空间。果然，本局的最后结果为白一目半胜。

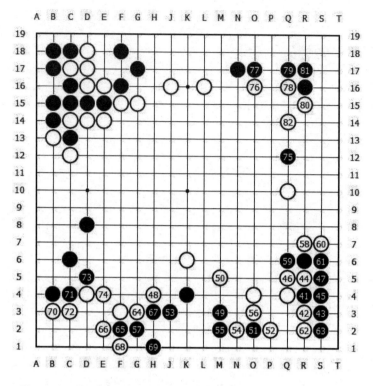

图8-31　2002年4月18日武宫正树(白)对王立诚第二谱(41-82)

这盘棋充分反映了武宫正树的围棋价值取向,他认为一盘棋的输赢固然基于最后终局时的实地多少,但并不意味着从一开始就要对实地斤斤计较,而是根据棋的流向自然进行,当弃则弃,当取则取。道法自然,正是围棋之道,也是中国文化之道的精髓。

四、人生之道

棋如人生,棋盘小宇宙,天地大棋局,围棋又通于人生之道。

棋局是人生的模拟,而人生也是一个永不停息的博弈过程,每个人需要通过选择合适的策略来达到自己认为合意的结果。棋盘上只有361个交叉点,需要对局者选择合适的策略,最大限度地利用规则,通过相互竞争取得资源,这其中存在着双方效率的不同、信息的多寡、机会成本的舍得等等特征,与现实社会中两个经济实体竞争、合作、利用的过程极其相似。

棋盘上的博弈,与现实中的博弈多有相通之处:

首先是布局的战略。一盘棋,如何走好开局,布好阵势,对最后的胜负影响很大。人生选择、企业经营也是这样。在起始阶段,把握大局,确定一个正确的方向很重要。

第二是信息。面对未来的不确定性,正确决策往往取决于拥有信息的多少。围棋中每一步棋,都要根据对方的选择来决定。围棋是两名对局者不断选择,不断做出回应的一个过程。在这个过程中,双方展开一种信息的交流,既要领悟到对方在行棋中所传递出来的信息,遏制对方实现意图,又要基于自己平时的信息积累,策划己方的行棋方案。

第三是效率。棋子的能量取决于位置、配合,如何最大限度地发挥每一个子的子效,是下棋者首先需要考虑的问题。有时一盘棋里各块棋本身效率尚可,但从全局的角度却发现它们缺乏配合,不能形成合力。而有的棋局部并非利益最大化,但从全局的角度,又构成了能量的最大化。在人际关系,社交场合,乃至企业管理中,以全局观念为指导,发挥个体所长形成合力,即所谓"能量场",至关重要。

最后是具体战术。下棋永远是一个矛盾的过程,在速度与厚味、实利与外势、得与失、弃与取之间,要不断地做出取舍。这些十字路口的彷徨与迷茫,在生活每时每刻需要做出的决定中一样存在。解决这些矛盾时,行棋的分寸感、均衡感十分重要,更多时候局部经过一番争夺会出现"两分"的结果。追求利益的最大化欲速则不达,在围棋中被称为"过分手",人生也是如此。在博弈中,理性的参与者会排斥一方的收益等于另一方损失的"零和博弈",而是可以在竞争的过程里找到利益的均衡点,实现某种程度上的"双赢"。围棋正是这种并非只有吃掉对方所有棋才能获胜的博弈,可以在双方的妥协、互利中找到一条取胜

图 8-32 清·郑岱《对弈图轴》

的途径。

可以说,围棋非常典型地体现了中国文化的精神:冲突中的和谐,即如何在冲突中寻求人与世界的和谐和身心的和谐。中国古人强调要不断淡化胜负之心,赋予围棋另一种名称——手谈。围棋作为竞技,体现的是冲突与征服。而手谈更多地强调对话、沟通、交流,是一种不需要语言文字的特殊话语活动,双方不断较量的过程就是一个不断交流、对话的过程。

这种对话性,决定了围棋是讲求平等竞争的智力游戏,体现了一种现代精神。在棋盘上,两位对局者现实生活中的身份、等级、地位都被隐去了,两个人是平等的,即俗语所言"棋上无父子"。当然,这种平等的前提是两个人的棋力相当,棋力悬殊时则要通过让子来达到平衡。没有了平等,对话便不可能产生,真正的对话建立在平等的基础之上。下棋是不断征服与被征服,也是不断交流的过程,而手谈的方式正体现了平等、宽容、和谐的精神。

对话,也使围棋具有一种宽容性。所谓两眼即活,一盘棋终,常常呈现你中有我、我中有你,和平共处的态势。和而不同,正是中国文化精神的体现。相对于其他棋种,围棋是最讲究宽容与和谐的一种游戏。象棋以消灭对手为目的,围棋以创造财富为目的,从这个角度来说,围棋最符合现代企业竞争的法则。因而,围棋在本质上体现的就是中国文化所要追求的人与人、人与社会、人与自我、人与自然的和谐的境界。儒家谈"仁"与"礼",仁者爱人,通过正心、诚意、修身、齐家、治国、平天下,达到内圣外王之道,最终的目的都是为了"和",所谓"贵和尚中"。儒家追求的是人与社会的和谐。道家则致力于建构人与自我、人与自然的和谐。所谓天人合一、道法自然、守雌守柔、虚静无为,流水不争先,构成了道家的"和"之道。

围棋大师吴清源先生认为,围棋的最高境界不是冲突,而是调和。由此,他提出了"六合",即天、地、东、西、南、北,就是宇宙。"六合"之棋的本质就是"调和",天地东西南北之"和"。因此,下棋要遵守一定的分寸,讲究均衡,用一种合乎自然的方式去围地、战斗。这种均衡、调和,在吴清源先生看来是棋道最典型的体现,也是中国文化的最高追求。他的一本回忆录就名为《中的精神》,他强调:"围棋、人生都是中和","中和"体现的是围棋之道,也是中国文化之道。

现代社会既是文明发展的年代,又是残酷竞争的时代,充满了种种有形、无形的战争。如何求得不同民族、不同群体、不同个体之间的和谐相处,在冲突中达到相对的和谐,提倡"道法自然""平常心是道"的围棋能够给我们提供很多有益的启示。

图8-33　围棋大师吴清源

拓展阅读:

《棋经十三篇校注》,李毓珍著,蜀蓉棋艺出版社,1988年。

《敦煌碁经笺证》,成恩元著,蜀蓉棋艺出版社,1990年。

《吴清源——天才的棋谱》,蜀蓉棋艺出版社,1991年。

《境界——关于围棋文化的思考》,胡廷楣著,上海人民出版社,1999年。

《二十一世纪围棋下法》,吴清源著,上海辞书出版社,2000年。

《超越实地与模样》,〔日〕赵治勋著,张唤民译,百花文艺出版社,2001年。

《弈境:围棋与中国文艺精神》,何云波著,北京大学出版社,2006年。

《围棋与东方管理智慧》,蔡绪锋、何云波著,书海出版社,2008年。

《围棋心理学》,戴耘著,书海出版社,2008年。

《不得贪胜》,[韩]李昌镐著,许丽译,化学工业出版社,2012年。

《新世纪围棋之魅:我眼中的围棋十诀》,王煜辉著,青岛出版社,2014年。

后　记

中国围棋源远流长,留下了许多宝贵的遗产,围棋也成了中国文化的象征。而今,围棋又不断地从中国走向世界,获得越来越多的不同肤色的人的认同、喜爱。然而,现在人们更多地把围棋看作一种体育竞技,围棋技术类书籍也很多,对围棋文化的研究、发掘却很不够。特别是全国很多高校都开设了全校性的《围棋文化》素质教育课程,却一直没有一本合适的围棋文化教材。

鉴于此,我们联合在国内一些大学任教的围棋教师及围棋文化研究者,共同编撰了这本《围棋文化教程》,以满足教学急需。主编负责全书大纲的拟定,各章的修订、统稿。其余具体分工如下:

绪论:何云波

第一、五、六、八章:何云波、杨烁

第二章:蒋锡久

第三章:王海钧

第四章:徐莹

第七章:刘知青

李星、武坤参与了教材的筹划、讨论。本教材还得到中国围棋协会主席王汝南先生的大力支持、指导,王老还亲自为之作序。在此一并致谢!

围棋是中国传统的琴棋书画四艺之一,既是竞技,也是艺术、文化,包含了深厚的内涵。本教材将棋艺与棋道教育结合起来,要求学生通过学习,达到以下要求:

第一,掌握围棋的基本技术,提高棋艺。

第二,了解中国围棋的历史与文化,进而提高对中国传统文化的领悟力。

后 记

第三,从棋道中领悟人生之道,全面提高自身的素质。

本教材集围棋历史、文化与技术于一体,学术性与可读性兼顾,力求使之成为一部具有较高学术水平又雅俗共赏的大学围棋文化教材。

本书既可作大学围棋文化素质教育课程教材,各围棋培训机构的围棋教师教学参考书,同时力求为棋艺爱好者和普通读者提供一个理想的围棋文化读本,也可作为向世界各国推广中国围棋文化的理想读物。当然,目标是否实现,还请读者明鉴!

编者

2015.7.23